GEORGE BERKELEY

AF193568

TRATADO SOBRE
LOS PRINCIPIOS DEL
CONOCIMIENTO HUMANO

EDITORIAL
maxtor

Diseño, maquetación e impresión:
Gráficas MAXTOR
Fray Luis de León, 20
47002 Valladolid
Tel.: 983 090 110
pedidos@maxtor.es
www.maxtor.es

I.S.B.N. : 978-84-1171-055-8

Depósito Legal : DL VA 277-2024

George Berkeley nació en Dysert, en las cercanías de Kilkenny (Irlanda), el 12 de marzo de 1685. Cursó sus primeros estudios como interno en el Kilkenny College, entonces la mejor escuela de Irlanda.

A los 15 años ingresó en el Trinity College de Dublín, donde obtuvo el grado de *Bachelor of Arts (B. A.)* en 1704, a los 19 años, y fue admitido como *Fellow* en 1706. En 1707 fue ordenado en la fe anglicana. Renunció a su puesto de *Fellow* en 1724, a raíz de ser nombrado deán de la catedral de Derry.

Interesado en fundar un *college* en las Bermudas, partió a Londres, embarcó hacia América en 1728 y se instaló en Newport (Rhode Island). Sin embargo, y pese a las promesas que se le hicieron inicialmente, el proyecto que lo llevó hasta allí no salió adelante. Regresó a Londres en 1731, y después a Irlanda, donde fue nombrado obispo de la diócesis de Cloyne en 1734.

En sus escritos juveniles, Berkeley se vale del empirismo para combatir el materialismo y el escepticismo de su generación. En las obras de su madurez refleja y defiende positivamente los principios de la religiosidad, tal como él los entiende, recurriendo a la literatura tradicional.

En su obra pone en evidencia una personalidad religiosa que pasa gradualmente de una defensa negativa de la religiosidad hasta una aclaración positiva de sus exigencias y de su contenido doctrinal.

Ensayo para una nueva teoría de la visión (*An Essay towards a New Theory of Vision*, 1709), es el primer libro escrito por Berkeley, que publicó a los 24 años de edad, tras algunas obras juveniles de matemáticas (*Arithmetica absque Algebra aut Euclide demonstrata, Miscellanea Mathematica*, 1707). Es, hasta cierto punto, un preludio, una introducción a la idea de que el mundo exterior no existe al margen de nuestras sensaciones.

Su idea principal propone que nuestras sensaciones de distancia, de dimensión, etc., las llamadas «cualidades primarias» propias de la materia, igual que las «secundarias» que guardan exclusiva relación con la sensación, no nos manifiestan nada que exista realmente, y de forma esencial e independiente, en la naturaleza. Así, afirma que «nuestro conocimiento sólo es real si existe conformidad entre nuestras ideas y la realidad de las cosas», y concluye: «tener una idea es lo mismo que percibir». Con este criterio, nada de lo que percibimos como tal existe en la naturaleza, por tanto, existir no puede significar sino percibir y ser percibido.

El principio de la equivalencia entre «el percibir» y el «ser percibido» resulta del mero análisis de la sensación en su versión activa (percibir) y pasiva (ser percibido). Muchos niños cuando juegan al escondite cierran los ojos para hacerse invisibles.

En realidad, nosotros no vemos las cosas de nuestro entorno, tenemos ideas, dentro de las cuales vemos las cosas. Como consecuencia de la función de percibir los objetos percibidos por la visión, no existen fuera de la mente.

Se plantean, pues, dos problemas: la relación entre espíritu y materia, y la realidad del mundo corpóreo exterior a nosotros. Se trata de reducir toda experiencia a experiencia interna y desplazar al contenido de la conciencia cognoscente. Sólo existen mentes; en las mentes están las ideas; y las ideas se deducen de las sensaciones.

Berkeley rechaza la distinción, tradicionalmente admitida desde Aristóteles, entre cualidades sensibles para un solo sentido (sensibles propios) y cualidades accesibles a varios sentidos (sensibles comunes), negándoles a las segundas la posible existencia. El «ensayo» se ocupa principalmente de la sensación de distancia.

Comienza señalando como un hecho universalmente reconocido que la distancia, por sí misma, no es visible y, por tanto, el ojo no percibe inmediatamente la distancia de un objeto respecto al observador. La distancia entre los objetos es el resultado de la experiencia. La teoría, propuesta por matemáticos y físicos, que establece y mide la distancia de un objeto por medio del ángulo que forman las líneas rectas que van desde los ojos del observador al objeto puede rebatirse fácilmente, según Berkeley, observando que un objeto grueso y distante aparece en el mismo ángulo que otro menor y más próximo. Sorprende Berkeley por sus conocimientos de óptica fisiológica y menciona las *Optical lectures* del Dr. Isaac Barrow (1630-1677) y el fundamento de la *Catóptrica* de Tacquet.

En 1754, con casi setenta años y un grave deterioro físico, se trasladó a Oxford con su familia.

Cinco meses más tarde, y mientras su hija le leía un sermón en una noche de invierno, el obispo George Berkeley murió sin que nadie se apercibiera.

Al Justamente Honorable
Thomas Earl de Pembroke, etc.
Caballero de la Muy Noble Orden del Garter,
y uno de los Lores del Muy Honorable
Consejo Privado de Su Majestad

Muy señor mío:

Quizá os extrañará que una persona humilde, la cual no ha tenido el honor de darse a conocer a su señoría, se atreva a dirigirse a vos de esta manera. Pero que un hombre que ha escrito algo con la intención de promover en el mundo el conocimiento útil y la religión elija el patronazgo de su señoría, no será juzgado extraño por quienes estén de algún modo familiarizados con el estado presente de la Iglesia y del saber, y que no ignore cuán gran ornamento y apoyo sois vos para ambos. Sin embargo, nada me habría inducido a ofreceros el pobre regalo de mis humildes deliberaciones, si no hubiera sido yo animado por ese candor y bondad naturales que constituyen el aspecto más brillante de vuestro carácter. A esto añadiré, señor mío, que el extraordinario favor y generosidad que os habéis complacido en mostrar para con nuestra Sociedad, me dio esperanzas de que no rehusaríais examinar los estudios de uno de sus miembros.

Estas consideraciones me han llevado a depositar el presente tratado a los pies de vuestra señoría. Y, sobre todo, el deseo de haceros saber que soy, con el más verdadero y profundo respeto, y por razón de la sabiduría y la virtud que tan justamente el mundo admira en vos.

Señor,
vuestro más humilde
y más dedicado servidor.

George Berkeley

Lo que aquí hago ahora público me ha parecido, tras largo y escrupuloso escrutinio, evidentemente verdadero. Y no estimo inútil que sea conocido, especialmente por aquéllos que están tocados de escepticismo o carecen de una demostración en favor de la existencia e inmaterialidad de Dios, o de la inmortalidad natural del alma.

Sea ello como fuere, me contentaré con que el lector lo examine imparcialmente. Pues sólo me preocupa el buen éxito de lo que yo he escrito, en la medida en que se ajuste a la *verdad*. Mas con el fin de que ésta no sufra, ruego al lector que suspenda su juicio hasta que, *por lo menos,* haya leído todo una vez con el grado de atención y de pensamiento que el asunto parezca requerir. Pues como hay algunos pasajes que, tomados por separado (y no podría ello remediarse), son muy susceptibles de ser mal interpretados, es posible que se les acuse de estar dando lugar a las más absurdas consecuencias. Sin embargo, una vez que se complete la lectura, se verá que dichas consecuencias no pueden deducirse. Es, asimismo, muy probable que, aunque el libro se lea en su totalidad, si ello se hace superficialmente, se entienda mal lo que quiero decir. Con todo, creo que a un lector sensato le parecerá claro y obvio lo que digo, desde el principio hasta el fin. En cuanto a las características de novedad y singularidad que algunas de las nociones que siguen pueden llevar consigo, eso es algo por lo que espero no necesitar disculparme. Será, ciertamente, una persona muy débil, o muy poco familiarizada con las ciencias, la que rechace una verdad demostrable, sólo porque es nueva y contraria a los prejuicios de la humanidad. Y esto es todo lo que tengo que decir a modo de preámbulo, a fin de prevenir en lo posible las censuras de un tipo de hombres que siempre están demasiado dispuestos a condenar una opinión antes de entenderla correctamente.

1. Al no ser la filosofía otra cosa que el estudio del saber y de la verdad, podría con razón esperarse que quienes han dedicado a ella más tiempo y esfuerzo disfrutaran de una mayor calma y serenidad de espíritu y de una mayor claridad y evidencia de conocimiento que la que poseen los demás hombres, y que se vieran asaltados por menos dudas y dificultades que éstos. Sin embargo, vemos que la gran masa inculta de la humanidad que transita por el ancho camino del simple sentido común y que se gobierna por los dictados de la naturaleza, vive generalmente sosegada y tranquila. No se queja de falta alguna en la evidencia que le proporcionan los sentidos, y está libre del peligro de convertirse en *escéptica*.

Mas cuando nos apartamos de los sentidos y del instinto para seguir la luz de un principio superior, la razón, y meditamos y reflexionamos sobre la naturaleza de las cosas, mil escrúpulos surgen en nuestra mente en lo referente a esos mismos objetos que antes nos parecía que comprendíamos totalmente. Prejuicios y errores de sentido se nos hacen presentes por doquier; y cuando tratamos de corregirlos mediante el uso de la razón, sin darnos cuenta nos vemos arrastrados a extrañas paradojas, dificultades e inconsistencias que se multiplican conforme avanzamos en nuestras especulaciones. Y hasta tal punto es esto así, que después de haber deambulado por intrincados laberintos, nos encontramos en el mismo lugar donde estábamos al principio, o, lo que es peor, en una situación de escepticismo irremediable.

2. Se piensa que la causa de esto es la oscuridad misma de las cosas, o la natural debilidad e imperfección de nuestros entendimientos. Se dice que las facultades que tenemos son muy pocas, y que las que se nos han concedido están sólo dirigidas a procurarnos apoyo y bienestar vitales, y no a penetrar en la íntima esencia y constitución de las cosas. Además, como la mente del hombre es finita, cuando trata de cosas que forman parte de la infinitud, no es de extrañar que caiga en absurdos y contradicciones, de las cuales será imposible que salga, pues es de la naturaleza de lo infinito el no poder ser comprendido por lo que es finito.

3. Pero tal vez estemos siendo demasiado injustos con nosotros mismos al echar la culpa original a nuestras propias facultades, en vez de achacársela al mal uso que hacemos de ellas. Es sumamente improbable suponer que una serie de deducciones correctas, derivadas de principios verdaderos, nos lleven siempre a conclusiones que no puedan mantenerse ni sean consistentes. Deberíamos creer que Dios se ha comportado más generosamente con los hijos de los hombres, y que no se ha limitado a poner en ellos

un fuerte deseo de adquirir conocimientos que están completamente fuera de su alcance. Ello no estaría en consonancia con los habitualmente indulgentes métodos de la providencia, la cual, al implantar en las criaturas una serie de apetitos, suele satisfacerlos si se hace uso de medios que, utilizados correctamente, no dejarán de servir su propósito. Me inclino a pensar que, en general, casi todas o todas las dificultades que hasta ahora han entretenido a los filósofos y les han impedido avanzar por el camino del conocimiento, se deben enteramente a nosotros mismos. Somos nosotros los que levantamos la polvareda, y luego nos quejamos diciendo que no podemos ver.

4. Mi propósito es, por tanto, tratar de descubrir cuáles son esos principios que han dado lugar a todas esas dudas e incertidumbres y que han introducido esos absurdos y contradicciones en las diversas sectas filosóficas, hasta el punto de que incluso los hombres más sabios han llegado a pensar que nuestra ignorancia es incurable y que surge de la incapacidad natural y de lo limitado de nuestras facultades. Es, ciertamente, un trabajo que merece la pena, el llevar a cabo una estricta investigación acerca de los primeros principios del *conocimiento humano*, a fin de analizarlos y examinarlos en todos sus aspectos, ya que puede haber algún fundamento para sospechar que esos obstáculos y dificultades

que estorban e impiden a la mente en su búsqueda de la verdad, no surgen de ninguna oscuridad y complejidad intrínseca a los objetos, ni de un defecto natural de entendimiento, sino más bien de falsos principios que han seguido siendo aceptados y que hubieran podido evitarse.

5. Cuando considero cuántos han sido los hombres insignes y extraordinarios que me han precedido en un empeño así, veo lo difícil y desalentador que mi intento podría parecer. Sin embargo, tengo algunas esperanzas cuando reparo en que las visiones más amplias no son siempre las más claras, y que quizá un corto de vista, al estar obligado a acercarse más a los objetos, tal vez llegue a distinguir, mediante estrecho y cercano escrutinio, lo que ha escapado a la consideración de ojos mejor dotados.

6. A fin de preparar la mente del lector para que éste comprenda mejor lo que sigue, me parece apropiado, a modo de introducción, decir algo que se refiere a la naturaleza y al abuso del lenguaje. Pero el tratamiento de este asunto me lleva a anticipar en alguna medida mi plan, al llamar la atención sobre lo que ha jugado una parte principal en el haber hecho de la especulación algo intrincado y confuso, y que ha ocasionado innumerables errores y dificultades en casi todas las ramas del saber.Estoy refiriéndome

a la opinión de que la mente tiene el poder de formar *ideas abstractas* o nociones de cosas.

Quien no sea completamente extraño a los escritos y disputas de los filósofos, tendrá que admitir que no pocas de dichas disputas se gastan en discusiones acerca de las ideas abstractas. Se piensa que éstas son, muy especialmente, el objeto de esas ciencias que reciben el nombre de *lógica* y de *metafísica*, y de todo aquello que se estima como saber más abstracto y sublime. En este tipo de ciencias, difícil será encontrar cuestión alguna que no sea tratada bajo el presupuesto de que dichas ideas abstractas existen en la mente y de que la mente está familiarizada con ellas.

7. Todo el mundo está de acuerdo en que las cualidades o modalidades de las cosas nunca existen cada una de ellas por sí mismas, separadas de todas las demás, sino que están mezcladas o, por así decirlo, fundidas en un mismo objeto. Pero se nos dice que la mente, al ser capaz de considerar cada cualidad por separado, es decir, abstraída de las otras cualidades con las que está unida, puede así formarse ideas abstractas. Por ejemplo: supongamos que percibimos con la vista un objeto extenso, coloreado y móvil; esta idea mezclada o compuesta, es resuelta por la mente en las partes simples que la constituyen; y al fijarse la mente en cada una de ellas con exclusión de las demás, se forma las ideas

abstractas de extensión, color y movimiento. No es que sea posible que el color o el movimiento existan sin la extensión; solo se dice que la mente puede formarse para sí, por *abstracción*, la idea de color, excluyendo la extensión, y la idea de movimiento, excluyendo el color y la extensión.

8. Asimismo, cuando la mente ha observado que en las extensiones particulares percibidas por el sentido hay algo que es común y semejante en todas ellas, y otro algo que es peculiar de cada una, como una determinada figura o magnitud, y que las distingue entre sí, considera aparte, o separa de lo demás aquello que es común, formando con ello una idea abstracta de la extensión, la cual no es ni una línea, ni una superficie, ni un sólido, ni tiene una figura o magnitud particular, sino que ha prescindido por completo de todas estas particularidades. Del mismo modo, cuando la mente deja de lado los colores particulares percibidos por el sentido, y sin reparar en lo que distingue a un color de otro, retiene solamente lo que es común a todos; se forma una idea de color en abstracto, la cual no es ni roja, ni azul, ni blanca, ni de ningún otro color determinado. Y de igual manera, al considerar el movimiento como algo abstraído, no sólo del cuerpo que se mueve, sino también de la trayectoria particular que describe y de todas las direcciones y velocidades particulares, se forma

la idea abstracta de movimiento, la cual corresponde igualmente a todos los movimientos particulares que puedan percibirse mediante el sentido.

9. Y así como la mente se forma para sí misma ideas abstractas de cualidades o de modos, también logra alcanzar, mediante la misma precisión o separación mental, ideas abstractas de los seres más complejos, los cuales incluyen varias cualidades coexistiendo unas con otras. Por ejemplo: cuando la mente observa que *Pedro, Jacobo* y *Juan* se asemejan entre sí en virtud de ciertas similitudes de figura y de otras cualidades, deja de lado la idea compleja o compuesta que tiene de *Pedro*, de *Jacobo*, o de cualquier otro hombre en particular, y retiene únicamente lo que es común a todos. Y de esta manera se forma una idea abstracta en la que todos los individuos particulares participan igualmente, al dejarse fuera todas aquellas circunstancias o diferencias que puedan determinarlos a existir de una manera particular.

Y se dice que, de este modo, llegamos a la idea abstracta de *hombre*, o, si se prefiere, de humanidad o de naturaleza humana. En una idea así, queda, ciertamente, incluido el color, pues no hay ningún hombre que no tenga algún color; mas no será ni blanco, ni negro, ni de ningún otro color en particular, pues no hay ningún color particular en el que todos los hombres participen. También quedará incluida la estatura en esa idea; mas no será una estatura alta, ni baja, ni mediana, sino una estatura que haga abstracción de todas las estaturas particulares. Y lo mismo del resto. Y más aún: como hay una gran variedad de criaturas que participan en algo, aunque no en todo, de lo que corresponde a la idea compleja de *hombre*, la mente, dejando fuera aquellas partes que son propias de los hombres, y reteniendo solamente las que son comunes a todas las criaturas vivientes, se forma la idea de *animal*, la cual hace abstracción, no sólo de todos los hombres particulares, sino también de todas las aves, bestias, peces e insectos. Las partes constitutivas de la idea abstracta de animal son cuerpo, vida, sentido y movimiento espontáneo.

Por *cuerpo* quiere decirse cuerpo sin forma o figura particular, pues no hay forma o figura que sea común a todos los animales; y sin cobertura de pelo, o de plumas, o de escamas, etc. mas tampoco totalmente desnudo. El pelo, las plumas, las escamas y la desnudez son propiedades que distinguen a unos animales particulares de otros; y por esa razón, quedan fuera de la *idea abstracta*. En razón de lo mismo, el movimiento espontáneo no debe ser ni un andar, ni un volar ni un reptar, aunque debe seguir siendo un movimiento; ahora bien, qué clase de movimiento sea ése, no es fácil de concebir.

10. Que los demás tengan esta maravillosa facultad de *abstraer sus ideas,* es cosa que ellos podrán decir mejor que nadie. Por lo que a mí respecta, yo encuentro, ciertamente, que poseo la facultad de imaginar o de representarme las ideas de las cosas particulares que he percibido, y de las otras varias que resultan de combinarlas y dividirlas. Así, puedo imaginar un hombre con dos cabezas, o la parte superior de un hombre unido a un cuerpo de caballo. Puedo también considerar la mano, el ojo y la nariz por separado, es decir, haciendo abstracción del resto del cuerpo. Pero siempre que imagino una mano o un ojo, éstos han de tener una forma y un color particulares. Del mismo modo, la idea de hombre que yo me formo, ha de ser siempre la de un hombre blanco, o negro, o bronceado, o derecho, o torcido, o alto, o bajo, o de mediana estatura. Por muchos esfuerzos que haga, no puedo concebir una idea abstracta como la que ha quedado descrita más arriba. Y me resulta igualmente imposible formarme una idea de un movimiento que esté separado del cuerpo que se mueve y que no sea ni rápido, ni lento, ni curvilíneo ni rectilíneo. Y lo mismo podría decir de todas las demás ideas abstractas, cualesquiera que éstas sean. Para ser claro: reconozco que puedo abstraer en un sentido, como cuando considero algunas partes o cualidades particulares separadas de otras que, aunque de hecho se le unan en algún objeto, es posible que puedan existir sin ellas.

Pero niego que yo posea la facultad de abstraer, o de concebir separadamente cualidades a las que les resultaría imposible existir separadas de esa manera; niego, asimismo, que yo pueda formarme una noción general haciendo abstracción de los particulares según el modo que se ha dicho. Y son estas dos últimas las acepciones más propias del término *abstracción*. Hay fundamento para pensar que la mayoría de los hombres reconocería estar en mi caso. La generalidad de los hombres que son sencillos y poco ilustrados, jamás pretendieron tener *nociones abstractas*. Se dice que éstas son difíciles de obtener y que no pueden alcanzarse sin esfuerzo y estudio. Habremos, pues, de concluir, en buena lógica, que están reservadas solamente a los doctos.

11. Procedo ahora a examinar lo que puede alegarse en defensa de la doctrina de la abstracción; y trataré de descubrir qué es lo que inclina a los hombres de pensamiento a abrazar una opinión tan apartada de lo que parece ser el sentido común. Ha habido en estos últimos tiempos un filósofo justamente tenido en alta estima, que ha dado mucho apoyo a dicha opinión, al pensar que es precisamente el tener ideas generales abstractas lo que establece la

más drástica diferencia, en lo que a entendimiento se refiere, entre el hombre y la bestia.

«Tener ideas generales (dice) es lo que introduce una perfecta distinción entre el hombre y los brutos, y es una excelente facultad que los brutos no pueden alcanzar en modo alguno. Pues es evidente que no observamos en ellos la menor traza de hacer uso de signos generales para ideas universales; de lo cual podemos con razón imaginar que no tienen la facultad de *abstraer* o de fabricar ideas generales, pues carecen del uso de las palabras o de otros signos generales.» Y un poco más abajo: «Por tanto, creo que podemos suponer que es en esto en lo que las especies animales difieren de los hombres; y es esa diferencia la que los separa totalmente y la que establece entre ellos tan gran distancia. Pues si los brutos tienen ideas y no son simples máquinas (como algunos pretenden) no podremos negarles alguna dosis de razón. Y a mí me resulta evidente que algunos razonan en circunstancias determinadas, lo mismo que es evidente que gozan de sentidos. Pero sólo razonan con ideas particulares, tal y como las reciben de los sentidos. Hasta los animales más superiores están impedidos por esos estrechos límites y no tienen (según pienso) la facultad de ensancharlos mediante ningún tipo de *abstracción*.» *Ensayo sobre el Entendimiento Humano,* Libro 2, Capítulo 11, Secciones 10 y 11. Estoy totalmente de acuerdo con este ilustre autor en que las facultades de los brutos no pueden en modo alguno alcanzar la *abstracción*. Mas si de esto se hace la propiedad distintiva de este tipo de animales, me temo que muchos de los que pasan por hombres habrían de ser contados entre las bestias. La razón que se da para explicar por qué no tenemos fundamento para pensar que los brutos tienen ideas generales abstractas, es que no observamos en ellos el uso de las palabras ni de ningunos otros signos generales. Lo cual descansa en el supuesto de que el hacer uso de las palabras implica tener ideas generales. De lo cual se sigue que los hombres que hacen uso del lenguaje son capaces de abstraer o generalizar sus ideas. Que éste es el sentido del argumento de nuestro autor, quedará evidenciado aún más en su modo de responder a la pregunta que él mismo se plantea en otro pasaje: «Si todas las cosas que existen sólo son particulares, ¿cómo es que usamos términos generales?» Y su respuesta es: «Las palabras devienen generales al hacerse de ellas signos de ideas generales», *Ensayo sobre el Entendimiento Humano,* Libro 3, Capítulo 3, Sección 6. Mas parece que una palabra deviene general cuando se hace de ella el signo, no de una idea general abstracta, sino de varias ideas particulares, cualquiera de las cuales, indiferentemente, es sugerida a la mente por dicho signo. Por ejemplo, cuando se dice que *el cambio de movimiento es proporcional a la fuerza impresa,* o que *todo aquello que tiene extensión es divisible,* estas proposiciones han de entenderse del movimiento y de la extensión en general; y, sin embargo, no se seguirá de ello que estén sugiriendo en mis pensamientos una idea de movimiento sin un cuerpo que se mueve y sin una determinada dirección y velocidad, o que deba yo concebir una idea general abstracta de una extensión que no sea ni una línea, ni una superficie, ni un sólido, y que no sea ni grande, ni pequeña, ni blanca, ni negra, ni roja, ni de ningún otro color determinado. Lo único que se implica es que, cualquier movimiento que yo conciba, ya sea éste rápido, lento, perpendicular, horizontal u oblicuo, el axioma que a él se refiere sigue siendo verdadero. Y lo mismo ocurre con el otro axioma aplicado a cada extensión particular, ya se trate de una línea, de una superficie o de un sólido, independientemente de su magnitud o figura.

12. Mediante la observación de cómo las ideas devienen generales, podremos juzgar mejor cómo se hacen generales las palabras. Y aquí debe repararse en que yo no niego absolutamente que haya ideas generales; solo niego que haya *ideas generales abstractas;* pues en los pasajes más arriba citados, cuando se hace mención de ideas generales, siempre se supone que se forman por abstracción, del modo que ha quedado expuesto en las Secciones 8 y 9. Ahora bien, si queremos dar un significado a nuestras palabras y hablamos solamente de lo que

podemos concebir, creo que admitiremos que una idea que, considerada en sí misma, es particular, deviene general al hacer que represente o simbolice todas las demás ideas particulares de la misma clase.

Para aclarar esto mediante un ejemplo, supongamos que un geómetra está demostrando el método de cortar una línea en dos partes iguales. Este geómetra dibuja, pongamos por caso, una línea negra de una pulgada de longitud; dicha línea, que en sí misma es particular, es, sin embargo, general con respecto a lo que ella significa; pues, tal y como es aquí utilizada, representa todas las demás líneas particulares, cualesquiera que éstas sean. De tal manera, que lo que es demostrado con referencia a ella, es demostrado también de todas las demás líneas, o, en otras palabras, de una línea en general. Y así como esa línea particular se convierte en general al hacerse de ella un signo, así también el nombre de línea, que tomado absolutamente es particular, se hace general al ser un signo. Y del mismo modo que la primera debe su generalidad, no a ser signo de una línea abstracta o general, sino de todas las líneas rectas particulares que puedan existir, así también debe pensarse que el segundo deriva su generalidad de la misma causa, es decir, de las varias líneas particulares que nombra, sin marcar diferencia entre ellas.

13. Para dar al lector una visión todavía más clara de la naturaleza de las ideas abstractas y de los usos para los que se las estima necesarias, añadiré un pasaje más del *Ensayo sobre el Entendimiento Humano*. El pasaje dice así: «Las *ideas abstractas* no son tan obvias o fáciles para los niños o para aquellas mentes que todavía se hallan poco ejercitadas, como las ideas particulares. Y si parecen serlo para los hombres adultos, es solo por el uso constante y acostumbrado que hacen de ellas. Pero cuando reflexionamos cuidadosamente sobre las ideas generales, descubrimos que éstas son ficciones o artificios mentales que implican dificultad y que no se nos ofrecen tan fácilmente como podríamos imaginar. Por ejemplo: ¿no requiere un cierto grado de esfuerzo y habilidad formar la idea general de triángulo (la cual no es una de las más abstractas, comprehensivas y difíciles)? Pues no ha de ser la idea de un triángulo equilátero, ni isósceles, ni escaleno, sino la de todos y ninguno al mismo tiempo.

En efecto, se trata de algo imperfecto que no puede existir, una idea en la que algunas partes de varias ideas diferentes e incompatibles entre sí, se ponen juntas. Verdad es que la mente, en este imperfecto estado suyo, necesita de ideas así, y recurre a ellas en cuanto puede, por conveniencias de comunicación y para aumentar el conocimiento, cosas ambas a las que se ve naturalmente inclinada. Con todo, uno tiene suficientes razones para sospechar que tales ideas son síntoma de nuestra imperfección. Por lo menos, ello es suficiente para mostrar que las ideas más abstractas y generales no son aquellas con las que la mente está en un principio más familiarizada, ni son las que manejamos en las primeras etapas del conocimiento. Libro 4, Capítulo 7, Sección 9».

Si un hombre posee la facultad de formarse en la mente una idea de triángulo como la que ha quedado descrita, en vano trataríamos de sacarlo de ahí, ni yo intentaría hacerlo. Todo lo que deseo es que el lector se informe a sí mismo, completa e inequívocamente, de si tiene o no tiene una idea así. Y es ésta, me parece a mí, una tarea que a nadie le será difícil llevar a cabo. ¿Qué podría resultarle más fácil a una persona que entrar un poco en sus propios pensamientos y ver si tiene allí, o puede lograr tener una idea que corresponda a la descripción que aquí se da de la idea general de triángulo, es decir, de un triángulo que no sea *ni oblicuo, ni rectángulo, ni equilátero, ni isósceles, ni escaleno, sino todos y ninguno de éstos al mismo tiempo*?

14. Mucho se dice aquí de la dificultad que las ideas abstractas traen consigo y del esfuerzo y habilidad que se requieren para formarlas. Y todos están de acuerdo en que se precisa un gran trabajo de la mente para emancipar nuestros pensamientos de

los objetos particulares y elevarlos a esas sublimes especulaciones que tratan de ideas abstractas. De todo lo cual parece deducirse naturalmente que cosa tan difícil como la formación de ideas abstractas no fue necesaria para la comunicación, la cual resulta tan fácil y familiar a todo tipo de hombres. Mas se nos dice que si las nociones abstractas son obvias y fáciles para las personas adultas, *ello es solo porque su uso constante y habitual las ha hecho tales.* Ahora bien, me gustaría saber en qué momento de su vida se emplean los hombres en la superación de esa dificultad y consiguen proveerse de esas ayudas que les son necesarias para el discurso. No podría ser cuando ya son adultos, pues parece que a esa edad no son conscientes de estar haciendo tamaños esfuerzos; debe ser, por tanto, algo que tiene lugar durante su infancia.

Mas, ciertamente, la grande y múltiple tarea de formar nociones abstractas ha de parecemos demasiado complicada para tan tierna edad. ¿Es que no nos resultaría difícil imaginar que a dos niños les fuera imposible charlar acerca de sus pastas de azúcar, de sus sonajeros y de todos sus demás juguetes, a menos que hubiesen logrado primero compaginar innumerables inconsistencias y formarse en la mente *ideas generales abstractas,* vinculándolas después a todo nombre común del que hicieran uso en su conversación?

15. No creo yo tampoco que estas *ideas abstractas* sean ni una pizca más necesarias para el aumento del *conocimiento* que para la *comunicación*. Sé muy bien que se insiste mucho en que todo conocimiento y demostración se refieren a nociones generales; y estoy en total acuerdo con ello. Sin embargo, no me parece a mí que esas nociones hayan sido formadas por *abstracción* de la manera que ha quedado indicada. La *universalidad*, según yo alcanzo a comprenderla, no consiste en la absoluta, positiva naturaleza o concepción de algo, sino en la relación que ella establece con los particulares que representa o significa; y en virtud de esto, las cosas, los nombres y las nociones, aun siendo de por sí *particulares*, se hacen *universales*.

Así, cuando yo demuestro una proposición que se refiere a los triángulos, ha de suponerse que se refiere a la idea universal de triángulo, lo cual no quiere decir que yo pueda formarme la idea de un triángulo que no sea ni equilátero, ni escaleno, ni isósceles, sino sólo que el triángulo particular que yo considero, independientemente del tipo que sea, simboliza y representa todos los triángulos rectilíneos, cualesquiera que éstos sean, y que, en ese sentido, es *universal*. Lo cual resulta sumamente claro y no implica la menor dificultad.

16. Mas pudiera aquí preguntarse: ¿Cómo podremos saber si una proposición es verdadera para todos los triángulos particulares, a menos que la hayamos visto primero demostrada en la idea abstracta de triángulo que se refiere igualmente a todos? Pues aunque una propiedad pueda demostrarse para tal o cual triángulo en particular, de ello no se sigue que sea también aplicable a cualquier otro triángulo que no sea exactamente igual.

Por ejemplo, habiendo demostrado que la suma de los tres ángulos de un triángulo isósceles rectangular equivale a dos rectos, no puedo de esto concluir que eso sea también verdad para todos los demás triángulos que no tienen ni un ángulo recto ni dos lados iguales. Parece, por tanto, que para asegurarnos de que esta proposición sea universalmente verdadera, tendremos que hacer una demostración particular para cada triángulo particular, lo cual es imposible, o basar la demostración únicamente en la *idea abstracta de un triángulo* en la que participen igualmente todos los triángulos particulares, y mediante la cual sean todos ellos igualmente representados. Es verdad que el diagrama que yo tengo en la cabeza incluye todos estos particulares; mas no hago la menor mención de ellos cuando pruebo la proposición. Pues en la prueba no se dice que los tres ángulos equivalen a dos rectos porque uno de ellos es un ángulo recto, o porque los lados entre los que está comprendido son de la misma longitud. Lo cual muestra que ese ángulo recto muy bien pudiera haber sido oblicuo, y que los lados podrían haber sido desiguales, sin que por ello la demostración dejara de ser válida. Y por esa razón, y no porque yo haya demostrado la proposición basándome en la idea abstracta de triángulo, concluyo que lo que yo he demostrado para un particular triángulo isósceles-rectangular es verdadero para cualquier otro triángulo, ya sea oblicuángulo o escaleno.

Y debe aquí hacerse notar que un hombre podrá considerar una figura meramente como triangular, sin fijarse en las cualidades particulares de los ángulos o en las relaciones particulares entre los lados. Hasta aquí puede abstraer; pero esto no probará nunca que pueda formarse una inconsistente, abstracta idea general de triángulo. De manera semejante, podremos considerar a *Pedro* en cuanto hombre o en cuanto animal, sin formarnos por ello la idea abstracta de hombre o de animal, y sólo en la medida en que no consideremos todo lo que percibimos

17. Sería una tarea interminable, además de inútil, seguir a los *escolásticos*, grandes maestros de la abstracción, a lo largo de los múltiples e inextricables laberintos de errores y disputas a los que parece haberles llevado su doctrina de las naturalezas y de las nociones abstractas. Los embrollos y controversias, la polvareda académica que se ha levantado en torno a esas materias, y las grandes ventajas que la

humanidad ha derivado de todo ello, son, en el día de hoy, asuntos demasiado bien conocidos como para que haya necesidad de insistir sobre ellos. Y bueno hubiera sido que los malos efectos de tales doctrinas hubiesen afectado solamente a quienes más devotamente se entregaron a ellas.

Cuando los hombres consideran los grandes esfuerzos, el trabajo y el talento que durante tantos siglos han sido empleados en el cultivo y progreso de las ciencias, y que, a pesar de todo, la gran mayoría de ellas permanecen rodeadas de oscuridad e incertidumbre; y cuando consideramos que las disputas científicas es improbable que terminen, y que incluso aquellas ciencias que parecen estar apoyadas por las más claras y convincentes demostraciones contienen paradojas que son absolutamente irreconciliables con los entendimientos de los hombres, y que, tomadas en conjunto, sólo unas pocas proporcionan a la humanidad un real beneficio que no sea meramente el de procurar una inocente diversión y entretenimiento, la consideración de todo esto, digo, pone a los hombres a pique de perder la esperanza y de despreciar completamente cualquier tipo de estudio. Mas quizá pueda esto impedirse denunciando los falsos principios que han prevalecido en el mundo, entre los cuales, según pienso, no hay ninguno que haya influido más en los pensamientos de los hombres especulativos, que éste de las ideas generales abstractas.

18. Y ahora que me pongo a considerar cuál pueda ser la fuente de esta noción hoy prevaleciente, me parece que es el lenguaje. Ciertamente, nada de menos amplitud que la razón misma podría haber sido el origen de una opinión tan universalmente aceptada. La verdad de esto se hace patente, además de por otras razones, por la abierta confesión de los más agudos defensores de las ideas abstractas, los cuales reconocen que éstas fueron hechas a fin de dar nombres. Clara consecuencia de esto es que, si no hubiera habido cosa como el lenguaje o los signos universales, jamás se habría pensado en la abstracción. *Véase* Libro 3, Capítulo 6, Sección 39 *y otros pasajes del Ensayo sobre el Entendimiento Humano.* Examinemos, por tanto, el modo en que las palabras han contribuido al origen de ese error.

En primer lugar, se ha pensado que cada nombre tiene, o debería tener un único, preciso y establecido significado, lo cual pensar que hay ciertas inclina a los hombres a ideas abstractas, determinadas que constituyen el verdadero y único significado inmediato de cada nombre general, y que es por mediación de estas ideas abstractas como un nombre general llega a significar alguna cosa particular. Sin embargo, lo cierto es que no hay tal cosa como un significado preciso y definido que vaya unido a nombre general alguno, pues todos los nombres significan indiferentemente un gran número de ideas particulares. Todo lo cual podrá deducirse claramente de lo que ya se ha dicho, y le resultará manifiesto a cualquiera que reflexione un poco. A esto podrá objetarse que cada nombre que tenga una definición, será por ella restringido a poseer un cierto significado determinado. Por ejemplo, un triángulo es definido como una superficie plana limitada por tres líneas rectas', y en virtud de esta definición, ese nombre se limitará a denotar una cierta idea, y no otra. Una cosa es conservar siempre un mismo nombre para una misma definición, y otra cosa es hacer que represente en todas partes la misma idea: lo primero es necesario; los segundo es inútil e impracticable.

19. Pero a fin de explicar con más detalle cómo llegaron las palabras a producir la doctrina de las ideas abstractas, debe observarse que es una opinión aceptada el que el lenguaje no tiene otra finalidad que la de comunicar nuestras ideas, y que cada nombre que tiene significado representa una idea. Siendo esto así, y resultando también cierto que aquellos nombres que no están completamente desprovistos de significado no siempre denotan concebibles ideas particulares, se ha concluido que representan nociones abstractas. Que hay muchos nombres que se usan entre los hombres especulativos, y que no

siempre sugieren a otros hombres ideas particulares determinadas, es algo que nadie negará.

Y si prestamos un poco de atención, descubriremos que (incluso en los razonamientos más estrictos) no es necesario que aquellos nombres significativos que representan ideas, tengan que suscitar en el entendimiento, siempre que sean utilizados, las ideas para cuya representación fueron creados. Al leer y al razonar, los nombres suelen usarse como se usan las letras en *álgebra*, disciplina en la que, aunque cada letra designa una cantidad particular, no es un requisito necesario para proceder correctamente el que cada letra suscite en nuestro pensamiento, en casa paso dado por éste, la cantidad particular cuya representación le fue asignada a cada una de dichas letras.

20. Además, contrariamente a lo que suele suponerse, la comunicación de ideas designadas por palabras no es ni la única ni la principal finalidad del lenguaje. Tiene éste otros fines, como el de suscitar alguna pasión, el animar o desanimar a realizar alguna acción, el poner a la mente en alguna disposición particular; a estas finalidades se subordina la otra en muchos casos, y en otros se omite por completo si pueden obtenerse sin ella, como pienso que ocurre no pocas veces en el uso familiar del lenguaje. Ruego al lector que reflexione consigo mismo y vea si no ocurre a menudo que, al oír o al leer un discurso, las

pasiones de miedo, amor, odio, admiración, desdén, y otras semejantes surgen inmediatamente en su alma tras la percepción de ciertas palabras, sin que haya idea alguna entremedias. Al principio, por supuesto, las palabras pudieron haber ocasionado ideas que eran capaces de producir esas emociones; pero, si no me equivoco, descubriremos que, una vez que el lenguaje se ha hecho familiar, la audición de los sonidos o el hecho de ver los caracteres son inmediatamente acompañados de esas pasiones que en un principio solían ser producidas mediante la intervención de ideas que ahora han sido omitidas por completo.

¿Es que no podemos ser afectados, por ejemplo, por la promesa de una cosa buena aunque no tengamos idea de lo que esa cosa es? ¿No es suficiente para suscitar nuestro temor el que seamos amenazados, aunque no pensemos en ningún daño particular que pueda acaecernos, ni nos hayamos formado una idea de peligro en abstracto? Cualquiera que reflexione un poco sobre esto que se ha dicho, creo que verá con claridad que, con frecuencia, en el uso propio del lenguaje, se utilizan nombres generales sin que el hablante los tome como signos de sus propias ideas con la intención de que éstas surjan en la mente de quien le escucha.

Incluso los mismos nombres propios no parecen ser pronunciados siempre con la intención de que surjan en nosotros las ideas de los individuos a quienes se supone que nombran. Por ejemplo, cuando un escolástico me dice que *Aristóteles lo ha dicho*, todo lo que concibo es que quien así me habla quiere predisponerme a que yo abrace su opinión con la deferencia y sumisión que la costumbre ha aparejado a ese nombre. Y este efecto puede producirse de manera tan instantánea en las mentes de aquéllos que están acostumbrados a someter su juicio a la autoridad de ese filósofo, que es imposible que a dicho efecto le anteceda cualquier otra idea referente a la persona de Aristóteles, a sus escritos o a su reputación. Podrían darse innumerables ejemplos de este tipo; mas, ¿para qué insistir en esas cosas que la experiencia de cada cual podrá, sin duda alguna, sugerirle en abundancia?

21. Hemos ya mostrado, según creo, la imposibilidad de las ideas abstractas. Hemos considerado lo que han dicho a favor de ellas sus defensores más capaces; y hemos tratado de poner de manifiesto que son inútiles para aquellos fines para los que se piensa que son necesarias. Por último, las hemos seguido hasta la fuente de la que surgen, que parece ser el lenguaje. No puede negarse que las palabras son de extraordinaria utilidad y que, mediante ellas, el caudal de conocimientos que ha sido adquirido gracias al esfuerzo conjunto de hombres inquisitivos en todas las épocas y en todas las naciones, puede ponerse a la vista y puede llegar a ser poseído por una sola persona.

Pero, al mismo tiempo, debe reconocerse que muchas son las áreas del conocimiento que han sido extrañamente confundidas y oscurecidas por el abuso de las palabras y del general modo de expresión en el que han sido expuestas. Por tanto, como las palabras son tan propensas a imponerse sobre el entendimiento, cualquier idea que yo considere trataré de tomarla en su simple y desnuda mismidad, dejando fuera de mis pensamientos, hasta donde me sea posible, aquellos nombres que de manera tan constante y estricta el uso ha unido a ellas a lo largo del tiempo. De esto espero sacar las ventajas siguientes.

22. En primer lugar, podré así estar seguro de librarme de todas las controversias puramente verbales, las cuales, al haber brotado en casi todas las ciencias, han constituido un impedimento mayor para el crecimiento del verdadero y sano conocimiento. En segundo lugar, éste parece ser un camino seguro para no caer en las redes de ese fino y sutil entramado de las *ideas abstractas,* con esta característica peculiar: que cuanto más sutil e inquisitivo era el talento de un hombre, más ha penetrado en esa red y más firmemente ha quedado prendido en ella. En tercer lugar, mientras confine mis pensamientos a mis propias ideas desnudas de palabras, no será fácil que me equivoque. Los objetos que considere serán clara y adecuadamente conocidos por mí.

No podré caer en el error de pensar que tengo una idea que en realidad no tengo. No me será posible imaginar que algunas de mis ideas sean semejantes o desemejantes, cuando en realidad no sea así. Para discernir la compatibilidad o discrepancia entre mis ideas, para ver qué ideas están incluidas en una idea compuesta, y cuáles no lo están, no habrá más requisito que el de la atenta percepción de lo que pasa por mi propio entendimiento.

23. Pero para alcanzar todas estas ventajas es necesario primero liberarse totalmente del engaño de las palabras, lo cual ni yo mismo me atrevo a prometer: ¡tan difícil es deshacer el vínculo que fue establecido tan temprano entre palabras e ideas, y que luego ha sido confirmado por una larga costumbre! Y es ésta una dificultad que ha sido aumentada todavía más por la doctrina de la *abstracción*.

Durante tanto tiempo han pensado los hombres que ideas abstractas iban aparejadas a sus palabras, que no es extraño que usen las palabras como si fueran ideas. Pues les resultó impracticable dejar la palabra de lado y retener en la mente la idea abstracta que en sí misma era perfectamente inconcebible. Ésta me parece a mí la causa principal por la que aquellos hombres que tan enfáticamente han recomendado prescindir de todo uso de palabras en sus meditaciones, no han logrado hacerlo ellos mismos.

Últimamente han sido muchos los que han reparado en las absurdas opiniones y vanas disputas que han surgido del abuso de las palabras. Y a fin de remediar estos males, nos dan el buen consejo de que centremos nuestra atención en las ideas significadas, y dejemos de lado las palabras que las significan. Mas por muy bueno que sea este consejo que dan a otros, quienes lo recomiendan no podrán respetarlo mientras sigan pensando que el único uso inmediato de las palabras es el de significar ideas, y que el significado inmediato de cada término general es una idea abstracta determinada.

24. Pero una vez que se haya reconocido que esto es un error, será más fácil que un hombre impida que le dominen las palabras. Quien sabe que no tiene más ideas que las particulares, no se enzarzará en el vano empeño de encontrar y concebir una idea abstracta aparejada a nombre alguno. Y quien sabe que no siempre los nombres representan ideas, se evitará el trabajo de buscar ideas allí donde no las hay. Sería, por tanto, deseable que cada uno dedicara sus mejores esfuerzos a obtener una visión clara de las ideas que considere, separándolas de todo ese revestimiento y pompa de palabras que tanto contribuyen a cegar el juicio y a dividir la atención. En vano consultaremos los escritos de los sabios y seguiremos las oscuras huellas de la antigüedad. Si queremos contemplar el hermoso árbol de la ciencia, cuyo fruto es excelente y está al alcance de nuestra mano, solo necesitaremos descorrer la cortina de las palabras.

25. A menos que nos cuidemos de separar los principios del conocimiento de la impedimenta y el engaño de las palabras, seguiremos razonando sobre ellas sin propósito alguno; podremos deducir indefinidamente unas consecuencias de otras, mas nunca seremos más sabios. Cuanto más lejos lleguemos, más nos perderemos y más profundamente nos enredaremos en dificultades y errores.

Por tanto, a quien se proponga leer las páginas que siguen, le ruego que haga de mis palabras ocasión para ejercer su propio pensamiento y tratar de alcanzar, cuando lea, la misma cadena de pensamientos que yo tuve al escribirlas. Mediante este procedimiento, le será fácil descubrir la verdad o falsedad de lo que digo. Estará a salvo del peligro de ser engañado por mis palabras, y no veo cómo podrá ser llevado a cometer un error si se limita a considerar sus ideas desnudas y sin disfraz.

SOBRE LOS PRINCIPIOS
DEL CONOCIMIENTO HUMANO

Parte I (La Parte II no llegó a publicarse)

1. A cualquiera que considere cuáles son los objetos del conocimiento humano, le resultará evidente que éstos son, o ideas que de hecho están impresas en los sentidos, o ideas que son percibidas cuando fijamos la atención en las pasiones y operaciones de la mente, o, por último, ideas que se forman con la ayuda de la memoria y de la imaginación y que resultan de componer, dividir o, simplemente, representar aquellas otras que originalmente fueron percibidas de la manera antes dicha. Mediante la vista adquiero ideas de la luz y de los colores en sus diversos grados y variaciones. Mediante el tacto percibo, por ejemplo, lo duro y lo blando, el calor y el frío, el movimiento y la resistencia; y todo ello, en mayor o menor cantidad o grado. El olfato me proporciona los olores; el paladar, los gustos; y el oído envía a la mente sonidos en toda su variedad de tono y composición.

Y cuando observamos que varias de estas ideas sensibles se acompañan mutuamente, se las registra con un solo nombre y se las considera también como una sola cosa. Así, por ejemplo, cuando se observa que un cierto color, sabor, olor, figura y consistencia están unidos, se los considera como una cosa clara y definida a la que se significa con el nombre de *manzana*. Otras colecciones de ideas constituyen una piedra, un árbol, un libro, y otras cosas semejantes de carácter sensible; las cuales, según sean agradables o desagradables, suscitan las pasiones de amor, odio, alegría, tristeza, etc.

2. Pero además de toda la interminable variedad de ideas u objetos de conocimiento, hay asimismo algo que conoce o percibe dichos objetos y ejerce diversas operaciones como las de querer, imaginar, recordar acerca de ellos. Este ser perceptivo y activo es lo que llamo *mente, espíritu, alma* o *yo*. Mediante estas palabras no designo ninguna de mis ideas, sino una cosa enteramente separada y distinta de ellas, en las que ellas existen o, lo que es lo mismo, por la que ellas son percibidas; pues la existencia de una idea consiste en ser percibida.

3. Que ni nuestros pensamientos, ni las pasiones, ni las ideas formadas por la imaginación existen sin la mente, es algo que todo el mundo admitirá. Y no parece menos evidente que las varias sensaciones o ideas impresas en el sentido, comoquiera que se mezclen y combinen unas con otras (es decir, cualesquiera que sean los objetos que compongan), no pueden existir sino en una mente que las perciba. Quien preste atención a lo que quiere decirse con el

término *existir* cuando éste se aplica a cosas sensibles, creo que podrá obtener un conocimiento intuitivo de esto. La mesa en la que escribo —digo— existe; esto es, la veo y la siento. Y si estando yo fuera de mi estudio dijera que la mesa existe, lo que yo estaría diciendo es que, si yo entrara de nuevo en mi estudio, podría percibirla, o que algún otro espíritu está de hecho percibiéndola. «Había un olor», esto es, fue olido; «había un sonido», es decir, fue oído; «había un color, una figura»: es que fueron percibidos por la vista o por el tacto.

Esto es todo lo que yo puedo entender cuando se emplean éstas y otras expresiones semejantes. Pues lo que se dice de la existencia absoluta de cosas impensadas, sin relación alguna con el hecho de ser percibidas, me resulta completamente ininteligible. Su *esse* es su *percipi*; y no es posible que posean existencia alguna fuera de las mentes o cosas pensantes que las perciben.

4. Es extraño, ciertamente, que prevalezca entre los hombres la opinión de que las casas, las montañas, los ríos y, en una palabra, todos los objetos sensibles tienen una existencia natural o real, distinta de la de su ser percibidos por el entendimiento. Mas por mucha que sea la seguridad y la aquiescencia que en el mundo se da a este principio, quienquiera que se haga cuestión de él en lo íntimo de su corazón se dará

cuenta de que dicho principio implica una contra-dicción manifiesta. Pues, ¿qué son los objetos arriba mencionados sino cosas percibidas por el sentido? ¿Y qué es lo que percibimos que no sean nuestras propias ideas o sensaciones? ¿Y no repugnaría de modo palmario el que algunas de éstas, o una combinación de las mismas, existieran sin ser percibidas?

5. Si examinamos cuidadosamente este asunto, quizá descubriremos que, en el fondo, depende de la doctrina de las *ideas abstractas*. Pues ¿podría haber más delicado ejercicio de abstracción que el de distinguir la existencia de los objetos sensibles como algo separado de su ser percibidos, hasta el punto de concebirlos como existentes sin que nadie los perciba? La luz y los colores, el calor y el frío, la extensión y las figuras, y, en una palabra, las cosas que vemos y sentimos, ¿qué son sino otras tantas sensaciones, nociones, ideas, o impresiones sobre el sentido? ¿Es que nos resultaría posible separar alguna de ellas, aunque solo fuera en el pensamiento, de la mera percepción? Si así fuera, ello implicaría que yo puedo separar una cosa de sí misma. Es, ciertamente, posible que yo divida en mis pensamientos, o conciba separadamente cosas que quizá no haya percibido sensiblemente separadas. Puedo, así, imaginar el tronco de un cuerpo humano sin miembros, o concebir el olor de una rosa sin pensar en la rosa misma

No negaré que, hasta ese punto, soy capaz de abstraer, si es que eso puede ser llamado propiamente *abstracción*, en el sentido de que puedo concebir separadamente esos objetos, en cuanto que éstos pueden realmente existir o ser percibidos separados los unos de los otros. Pero mi poder de concebir o imaginar no se extiende más allá de la posibilidad de real existencia o percepción. De ahí el que, lo mismo que me es imposible ver o sentir alguna cosa sin tener una actual sensación de esa cosa, así también me resulta imposible concebir en mis pensamientos alguna cosa sensible u objeto, distinto de la sensación o percepción del mismo. Lo cierto es que el objeto y la sensación son la misma cosa y no pueden, por tanto, considerarse separados el uno de la otra.

6. Hay algunas verdades que son tan próximas a la mente y le son tan obvias, que un hombre solo necesita abrir los ojos para verlas. De éstas, hay una de suma importancia, a saber: que todo el coro de los cielos y cosas de la tierra, o, en una palabra, todos esos cuerpos que componen la poderosa estructura del mundo, carecen de una subsistencia independiente de la mente, y que su ser consiste en ser percibidos o conocidos; y que, consecuentemente, mientras no sean percibidos por mí o no existan en mi mente o en la de otro espíritu creado, o bien no tendrán existencia en absoluto, o, si no, tendrán que subsistir en

la mente de algún espíritu eterno. Pues sería completamente ininteligible y conllevaría todo el absurdo de una abstracción, el atribuir a cualquier parte de esas cosas una existencia independiente de un espíritu. Para convencerse de esto, el lector solo necesitará reflexionar y tratar de separar en sus propios pensamientos el ser de una cosa sensible, y su ser percibida.

7. De lo que se ha dicho se sigue que no hay más sustancia que el *espíritu*, es decir, que la de quien percibe. Pero a fin de probar este punto más completamente, reparemos en que las cualidades sensibles son el color, la figura, el movimiento, el olor, el sabor, etc.; esto es, las ideas percibidas por el sentido. Ahora bien, decir que una idea existe en un algo que es incapaz de percibir, sería una contradicción manifiesta; pues tener una idea es lo mismo que percibir; así, allí donde el color, la figura y otras cualidades semejantes existen, tiene que haber un alguien que las perciba. De lo cual resulta claro que no puede haber una sustancia no pensante o *substratum* de esas ideas.

8. A esto pudiera objetarse diciendo que aunque las ideas mismas no existen sin la mente, puede haber, sin embargo, cosas que se parecen a ellas y de las que las ideas son copias o semblanzas; y que dichas cosas existen al margen de la mente, en una sustancia no-pensante. A lo cual respondo diciendo que una idea no puede parecerse más que a otra

idea; un color o una figura no pueden parecerse más que a otro color o figura. Si escudriñamos un poco nuestros propios pensamientos, descubriremos que nos es imposible concebir semejanza alguna, como no sea una semejanza entre nuestras propias ideas. Y de nuevo pregunto si esos supuestos seres originales, o cosas externas, de las cuales nuestras ideas son retratos o representaciones, son o no son perceptibles en sí mismas.

9. Hay algunos que establecen una distinción entre cualidades *primarias y secundarias*. Por las primeras entienden la extensión, la figura, el movimiento, el reposo, la solidez o impenetrabilidad, y el número; por las segundas entienden todas las demás cualidades sensibles, como los colores, los sonidos, los sabores y demás. Reconocen que las ideas que tenemos de éstas no son imágenes de algo que existe fuera de la mente o no percibido; pero mantienen que nuestras ideas de las cualidades primarias son representaciones o imágenes de cosas que existen independientemente de la mente, en tanto, debemos entender por materia una sustancia inerte e insensible, en la que la extensión, la figura y el movimiento subsisten de hecho.

Pero, partiendo de lo que ya hemos mostrado, resulta evidente que la extensión, la figura y el movimiento son únicamente ideas que existen en la mente, y que una idea no puede parecerse más que a otra idea; y que, en consecuencia, ni ellas ni sus arquetipos pueden existir en una sustancia no perceptiva. De lo cual resulta claro que la misma noción de *materia* o de *sustancia corpórea* implica de suyo una contradicción.

10. Hay quienes afirman que la figura, el movimiento y el resto de las cualidades primarias u originales existen fuera de la mente, en sustancias no-pensantes; y quienes afirman esto reconocen al mismo tiempo que los colores, los sonidos, el calor, el frío y otras cualidades secundarias semejantes no existen fuera de la mente. Y nos dicen que dichas cualidades son sensaciones que únicamente existen en la mente y que solo dependen y son ocasionadas por el diferente tamaño, textura y movimiento de minúsculas partículas de materia. Toman esto por indudable verdad, demostrable sin excepción alguna.

Ahora bien, si es verdad que esas cualidades originales están inseparablemente unidas con las otras cualidades sensibles y no son susceptibles, ni siquiera en el pensamiento, de abstraerse de ellas, se seguirá claramente de esto que solo existen en la mente. Quisiera que todos reflexionasen y trataran de ver si, mediante algún tipo de abstracción mental, pueden concebir la extensión y el movimiento de un cuerpo, prescindiendo de todas las demás cualidades sensibles.

11. Repitámoslo: lo *grande* y lo *pequeño*, lo *rápido* y lo *lento* no existen en ninguna parte fuera de la mente, pues son enteramente relativos y cambian según las variaciones de estructura o de posición de los órganos del sentido. Por tanto, una extensión que existiera fuera de la mente no sería grande ni pequeña, y un movimiento que existiera fuera de la mente no sería ni rápido ni lento, es decir, que no serian nada en absoluto. «Pero», podrá objetarse, «esa extensión y ese movimiento serían una extensión en general y un movimiento en general».

Vemos, pues, hasta qué punto el argumento en favor de sustancias extensas y móviles que existen fuera de la mente depende de esa extraña doctrina de las ideas abstractas. Y en esto no tengo más remedio que hacer notar que esta vaga e indeterminada descripción de la materia o sustancia corpórea a la que llegan los filósofos modernos llevados por sus propios principios, es muy semejante a la anticuada y tantas veces ridiculizada noción de *materia prima* que encontramos en *Aristóteles* y en sus seguidores. Sin la extensión, la solidez no puede concebirse; y así como hemos mostrado que la extensión no existe en una sustancia no-pensante, lo mismo ha de afirmarse con referencia a la solidez.

12. Que el número es enteramente una creación de la mente aun en el caso de que concedamos

49

que las otras cualidades existen fuera de ella, es algo que resultará evidente a cualquiera que considere que una misma cosa recibe una diferente denominación numérica, según la mente la vea con respecto a unidades distintas. Así, la misma extensión puede ser uno, o tres, o treinta y seis, según sea considerada por la mente con referencia a una yarda, a un pie, o a una pulgada. El número es algo tan visiblemente relativo y tan dependiente del entendimiento de los hombres, que resulta difícil pensar que alguien se atrevería a concederle una existencia fuera de la mente. Decimos un libro, una página, una línea; éstas son todas unidades, aunque algunas contienen varias de las otras. Y en cada caso, es claro que la unidad se refiere a alguna combinación particular de ideas arbitrariamente reunidas por la mente.

13. Sé que algunos entienden la unidad como idea simple, es decir, no compuesta, que acompaña a todas las demás ideas en la mente. Pero yo no encuentro en mí ninguna idea que responda a la palabra unidad; si la tuviera, seguro que la encontraría, pues sería la que mi entendimiento conoce con mayor familiaridad, pues se dice que acompaña a todas las demás ideas y que es percibida en toda modalidad de percepción y de reflexión. Pero no quiero alargarme en esto: es una *idea abstracta*.

14. Añadiré que, del mismo modo que los filósofos modernos prueban que ciertas cualidades sensibles no tienen existencia en la materia, es decir, fuera de la mente, lo mismo puede también probarse con respecto a todas las demás cualidades sensibles, cualesquiera que éstas sean. Así, por ejemplo, se dice que el calor y el frío sólo son disposiciones de la mente, y no imágenes de cosas reales, existentes en las sustancias corpóreas que producen esas sensaciones. Pues un mismo cuerpo que resulta frío a una mano, a otra le parece caliente.

Ahora bien, ¿por qué no podremos también argüir que la figura y la extensión no son tampoco imágenes o representaciones de cualidades existentes en la materia? Porque el caso es que, a un mismo ojo en posiciones diferentes, o a ojos de diferente textura en una misma posición, la figura y la extensión se les aparecen de varias maneras; y al ser esto así, no puede afirmarse que sean imágenes de nada estable determinado y exterior a la mente. De igual modo, probamos que la dulzura no está realmente en la cosa saboreada; pues aunque la cosa permanezca inalterada, lo dulce puede tornarse amargo, como cuando la fiebre o alguna otra afección vician el paladar. ¿No sería, por tanto, igualmente razonable decir que el movimiento no existe sin la mente, ya que si la sucesión de ideas en la mente se acelera, vemos que el movimiento parecerá más lento, sin que se hayan producido alteraciones en ningún objeto exterior?

15. En breve: cualquiera que considere esos argumentos que palmariamente muestran que los colores y sabores solo existen en la mente, descubrirá que con igual fuerza sirven para probar lo mismo con respecto a la extensión, a la figura y al movimiento. Debe reconocerse que este método de argüir no tanto prueba que no hay extensión o color en el objeto exterior, como que no sabemos, sirviéndonos de los sentidos, cuáles son la verdadera extensión y color del objeto. Mas los argumentos que han quedado expuestos más atrás muestran claramente que es imposible que cualquier color, cualquier extensión y cualquier otra cualidad sensible existan en una sustancia no pensante, al margen de la mente; de hecho, lo que prueban es que no hay objeto externo alguno.

16. Pero examinemos un poco la opinión recibida. Se dice que la extensión es un modo o accidente de la materia, y que la materia es el substratum que le da soporte. Pues bien, quisiera que usted me explicase qué es lo que quiere decirse cuando se afirma que la materia da soporte a la extensión. Y usted me dice: «No tengo idea de la materia, y, por tanto, no puedo explicarla.» A lo cual respondo que aunque usted no tenga una idea positiva de la materia, habrá

de tener por lo menos una idea relativa, si quiere emplear esa palabra con algún significado; y aunque usted no sepa lo que es, debe suponerse que conoce la relación que guarda con los accidentes, y lo que quiere decir cuando afirma que les da soporte. Es evidente que, aquí, soporte no puede tomarse en su sentido habitual o literal, como cuando decimos que los pilares dan soporte a un edificio. ¿En qué sentido, pues, debe tomarse?

17. Si investigamos en lo que los filósofos más precisos declaran que quieren decir por sustancia material, descubriremos que, según ellos mismos reconocen, no tienen más significado para esas palabras que la idea de ser en general, junto con la noción relativa de estar dando soporte a los accidentes. La idea general de ser, me parece a mí que es la más abstracta e incomprensible de todas; y en cuanto a lo de su dar soporte a los accidentes, es esto algo que, como acabo de observar, no puede entenderse en el sentido ordinario de esas palabras.

Debe, pues, tomarse en algún otro sentido; mas no explican cuál habrá de ser éste. De manera que cuando considero las dos partes o ramas que componen el significado de las palabras *sustancia material*, me convenzo de que no hay un significado claro y distinto aparejado a ellas. Mas, ¿para qué molestamos en seguir hablando de este *substratum material*, o soporte de la figura y el movimiento y otras cualidades sensibles? ¿Es que no implica esto que dichas cualidades tienen una existencia fuera de la mente? ¿Y no es esto una contradicción directa, absolutamente inconcebible?

18. Pero aunque fuera posible que existieran fuera de la mente sustancias sólidas con figura y con movimiento, que se correspondieran con las ideas que tenemos de los cuerpos, ¿cómo nos sería posible saberlo? O bien tendría que llegar a nuestro conocimiento mediante los sentidos, o bien mediante la razón. Por lo que respecta a nuestros sentidos, mediante ellos solo tenemos conocimiento de nuestras sensaciones, ideas, o aquello que es inmediatamente percibido por el sentido, llamémoslo como queramos; pero los sentidos no nos dicen que las cosas existen fuera de la mente, ni nos dicen tampoco que hay cosas no percibidas semejantes a aquéllas que percibimos. Esto lo reconocen hasta los mismos materialistas. Solo nos queda, por tanto, aventurar que si tenemos algún conocimiento de las cosas externas, éste habrá de ser adquirido mediante la razón, la cual inferirá que dichas cosas existen, basándose en lo que inmediatamente es percibido por el sentido.

19. Mas aunque es posible que todas las sensaciones que tenemos se hayan producido sin ellos, quizá

pueda pensarse que resultaría más fácil concebir y explicar la producción de nuestras ideas suponiendo que hay cuerpos externos que se asemejan a ellas; y así, puede ser, cuando menos, probable que haya cosas corpóreas que susciten en nuestra mente las ideas que tenemos de ellas.

Pero ni siquiera esto último podría afirmarse; pues aunque concedamos a los materialistas que existen cuerpos externos, ellos no están, según confesión propia, más cerca que nosotros de averiguar cómo se producen nuestras ideas. Porque ellos mismos admiten que son incapaces de comprender cómo un cuerpo puede actuar sobre un espíritu, o cómo es posible que imprima una idea en la mente.

Es evidente que en nuestra mente se producen ideas o sensaciones; pero no hay razón alguna para suponer que existen la materia o las sustancias corpóreas, pues se reconoce que la aparición de ideas en la mente es inexplicable, tanto si se admite esa suposición, como si no. Por tanto, si fuera posible que existieran los cuerpos fuera de la mente, mantener que existen así, sería una opinión muy poco convincente; pues ello implicaría suponer, sin razón alguna, que Dios ha creado innumerables seres que son completamente inútiles y que no sirven propósito alguno.

20. En breve: caso de que hubiera cuerpos externos, es imposible que nosotros llegáramos jamás a sa-

berlo; y si no los hay, tendríamos las mismas razones para pensar que existen, que las que tenemos ahora. Supongamos —lo cual es una posibilidad que nadie podría negar— una inteligencia que, sin la ayuda de cuerpos externos, se viera afectada por la misma cadena dé sensaciones o ideas que le afectan a usted, y que esas ideas estuvieran impresas en dicha mente en el mismo orden y con igual vivacidad. Me pregunto: esa inteligencia, ¿no tiene toda la razón para creer en la existencia de sustancias corpóreas representadas por sus ideas y suscitando éstas en su mente, en igual medida en que usted tiene razones para creer en lo mismo? Sobre esto no cabe cuestión alguna; y esta consideración basta para hacer que una persona razonable sospeche de la fuerza de los argumentos que pueda pensar que tiene en favor de la existencia de cuerpos fuera de la mente.

21. Si, después de lo que ha quedado dicho, fuera necesario añadir alguna prueba más contra la existencia de la materia, podría dar ejemplos de varios de los errores y dificultades (para no mencionar las impiedades) que han surgido de esa doctrina, la cual ha dado ocasión a innumerables controversias y disputas en filosofía, y a no pocas, de mucha mayor importancia, en religión. Pero no voy ahora a entrar con detalle en dichos ejemplos, porque pienso que sería innecesario dar argumentos *a posteriori*

para confirmarlo que, si no me equivoco, ha sido ya suficientemente demostrado *a priori*, y también porque más adelante encontraré ocasión para decir algo más sobre esto.

22. Sentiría haber dado motivo para que se piense que he sido demasiado prolijo al tratar esta cuestión. Pues, ¿qué causa hay para extenderse en algo que puede ser demostrado con la mayor evidencia en uno o dos renglones y que puede entenderlo cualquiera que tenga una mínima capacidad de reflexión? Basta con mirar en nuestros propios pensamientos y ver si es posible concebir un sonido, o una figura, o un movimiento, o un color, existentes fuera de la mente o sin ser percibidos.

Este simple experimento podrá haceros ver que quienes se empeñan en defender la existencia exterior de dichos objetos están incurriendo en una palmaria contradicción.

Me contento, pues, con centrar todo el peso del argumento en este punto: si hay alguien que pueda concebir que es posible que una sustancia extensa y móvil, o en general, una idea o algo que se parezca a una idea, existan fuera de la mente que las percibe, estaré dispuesto a renunciar a la causa que defiendo; y en cuanto a todo ese sistema de cuerpos exteriores que usted defiende, le concederé que tienen existencia, aunque usted no podrá nunca darme razón de por qué cree usted que existen, ni asignar utilidad alguna a la suposición de que existen. Digo, pues, que la mera posibilidad de que su opinión de usted sea verdadera, será tomada como argumento en favor de que ciertamente lo es.

23. Pero me dice usted que no hay nada más fácil que imaginar, por ejemplo, árboles en un parque, o libros existiendo en el interior de un armario, sin que haya nadie que los perciba. A lo cual respondo que imaginar eso es posible, y que no hay dificultad en ello.

Pero, ¿qué sería esto, sino formar en la mente de usted ciertas ideas que usted llama *libros* y *árboles*, y omitir al mismo tiempo formarse la idea de alguien que pueda estar percibiéndolos? ¿Y no está usted percibiéndolos o pensando en ellos todo ese tiempo? Así pues, esto no es objeción contra lo que nos proponemos demostrar; sólo es prueba de que usted tiene el poder de imaginar o formar ideas en su mente, pero no prueba que usted pueda concebir como posible el que los objetos de su pensamiento puedan existir sin la mente. Para probar esto último sería necesario que usted concibiera esos objetos como existentes sin que nadie los concibiera o pensara en ellos, lo cual es una contradicción manifiesta.

Cuando tratamos de concebir la existencia de cuerpos exteriores, lo más que concebimos es solo contemplar nuestras propias ideas. Pero la mente, sin reparar en ella misma, cae en el error de pensar que puede concebir y que de hecho concibe cuerpos que existen sin ser pensados, o fuera de la mente, a pesar de que son aprehendidos por ella o existen en ella misma. Un poco de atención hará que cualquiera descubra la verdad y evidencia de lo que aquí se dice, y hará innecesario que insistamos en otras pruebas contra la existencia de la sustancia material.

24. Es sobremanera fácil, a poco que investiguemos en nuestros pensamientos, saber si nos es posible entender lo que quiere decirse por absoluta existencia de objetos sensibles en sí mismos, o fuera de la mente. Para mí, es evidente que esas palabras denotan, o bien una directa contradicción, o nada en absoluto. Y para convencer a otros de esto, no conozco otro camino más rápido y franco que el de invitarles a que se fijen con calma en sus propios pensamientos. Y si prestando esa atención se les muestra la vaciedad o repugnancia de esas expresiones, ciertamente nada más hará falta para que se convenzan. Por tanto, insistiré en esto, a saber: que la existencia absoluta de cosas no pensadas, son palabras sin significado, o que contienen una contradicción. Esto es lo que repito e inculco, y lo que vehementemente recomiendo a la atenta consideración del lector.

25. Todas nuestras ideas, sensaciones o cosas que percibimos, cualesquiera que sean los nombres por los que las distingamos, son visiblemente inactivas; nada hay en ellas de poder o actividad. De manera que una idea u objeto de pensamiento no puede producir o hacer alteración alguna en otro. Para quedar satisfechos de la verdad de esto que digo, solo hace falta una mera observación de nuestras ideas. Pues como tanto ellas como cada una de sus partes existen sólo en la mente, de ello se sigue que no hay nada en ellas, excepto lo que es percibido. Quienquiera que se detenga a considerar sus propias ideas, tanto del sentido como de la reflexión, no percibirá en ellas ningún poder o actividad; no hay, por tanto, tal cosa contenida en ellas.

Un poco de atención nos revelará que el mismo ser de una idea implica pasividad e inercia. Tanto es ello así, que es imposible que una idea haga algo, o, hablando estrictamente, que sea causa de nada. Tampoco puede ser la semblanza o imagen de un ser activo, como hemos demostrado en la *Sección 8*. De lo cual se sigue claramente que la extensión, la figura y el movimiento no pueden ser la causa de nuestras sensaciones. Decir, por tanto, que éstas son el efecto de poderes resultantes de la configuración, número, movimiento y medida de corpúsculos, tiene forzosamente que ser falso.

26. Percibimos una sucesión continua de ideas; algunas nos son suscitadas de nuevo; otras cambian o desaparecen por completo. Hay, por tanto, alguna causa de esas ideas, de la cual éstas dependen, y que las produce y las cambia. Que esta causa no puede ser una cualidad, o idea, o combinación de ideas, resulta claro de lo que se ha dicho en la sección precedente. Debe ser, por consiguiente, una sustancia; pero ya se ha mostrado que no hay sustancia que sea corpórea o material; sólo queda, por tanto, que la causa de nuestras ideas sea una sustancia incorpórea activa, es decir, un espíritu.

27. Un espíritu es un ser simple, indiviso y activo. En cuanto que percibe ideas, es llamado *entendimiento*; y en cuanto que las produce u opera de algún otro modo sobre ellas, es llamado *voluntad*. De aquí que no pueda formarse idea alguna de un alma o espíritu; pues todas las ideas, cualesquiera que éstas sean, siendo pasivas e inertes, *vide Sección 25,* no pueden darnos una representación, mediante imagen o semejanza, de lo que es activo. Un poco de atención le hará ver claramente a cualquiera que es absolutamente imposible tener una idea que sea como ese activo principio del movimiento y cambio de ideas. Tal es la naturaleza del *espíritu*, es decir, de aquello que actúa, que no puede ser percibido de suyo, sino sólo a través de los efectos que produce. Si algún hombre dudara de la verdad de lo que ha quedado dicho, que reflexione y vea si puede formarse la idea de algún poder o ente activo; y que vea también si tiene ideas de los dos poderes principales designados con los nombres de voluntad y entendimiento, ideas distintas entre sí, y distintas asimismo de una tercera idea: la de sustancia o ente en general, junto con una noción de ser ésta soporte o sujeto de los poderes antes mencionados, y significada con los nombres de *alma* o *espíritu.*

Esto es lo que algunos mantienen. Pero, por lo que yo alcanzo a ver, las palabras *voluntad, alma, espíritu* no significan ideas diferentes. En verdad, no significan idea alguna en absoluto, sino algo que es muy diferente de las ideas y que, al tratarse de un agente, no puede asemejarse ni ser representado por ninguna idea. A pesar de ello, debe reconocerse al mismo tiempo que tenemos alguna noción de alma, espíritu, y de operaciones mentales como desear, amar, odiar, en la medida en que somos capaces de conocer o entender el significado de esas palabras.

28. Descubro que puedo excitar ideas en la mente siempre que yo quiera, y variar y cambiar la escena siempre que me parezca oportuno. Basta con quererlo, para que inmediatamente ésta o aquella idea surja en mi fantasía; y haciendo uso del mismo poder, puedo obliterarla y hacer sitio a otra. Este hacer y

deshacer ideas da ocasión a que muy apropiadamente podamos decir que la mente es activa. Esto es cierto y está fundado en la experiencia; pero cuando hablamos de agentes no pensantes, o de ideas suscitadoras, fuera de la mera volición, entonces es que solo estamos jugando con las palabras.

29. Mas cualquiera que sea el poder que yo tenga sobre mis propios pensamientos, descubro que aquellas ideas que han sido de hecho percibidas por el sentido no tienen dependencia semejante de mi voluntad. Cuando a la luz del día abro los ojos, no está en mi poder elegir lo que voy o no voy a ver; tampoco está en mi poder determinar qué objetos en particular se presentarán a mi vista. Y lo mismo puede decirse del oído y de los demás sentidos: las ideas que quedan impresas en ellos no son criaturas de mi voluntad. Tiene que haber, por tanto, alguna otra voluntad o espíritu que las produce.

30. Las ideas del sentido son más fuertes, vivaces y distintas que las de la imaginación; tienen, asimismo, una firmeza, orden y coherencia, y no son suscitadas arbitrariamente, como a menudo lo son las que son efecto de las voluntades humanas, sino que siguen una secuencia o serie regular, cuya admirable concatenación da testimonio de la sabiduría y benevolencia de su autor. Ahora bien, el conjunto de reglas o métodos establecidos según los cuales la mente de que

dependemos suscita en nosotros las ideas del sentido, son llamadas leyes de naturaleza. Y dichas leyes podemos aprenderlas por experiencia, la cual nos enseña que tales y cuales ideas van acompañadas de otras tales o cuales ideas, en el curso ordinario de las cosas.

31. Esto nos proporciona una suerte de visión anticipada que nos permite regular nuestras acciones para beneficio de nuestra vida. Sin esto, estaríamos continuamente perdidos; no podríamos saber cómo actuar realizando algo que pudiera procuramos el menor placer, o la eliminación del menor dolor del sentido. Que el alimento nos nutre, que el sueño nos descansa, que el fuego nos calienta, que sembrar durante la estación de siembra es el modo de obtener después la cosecha madura, y, en general, que para obtener tales o cuales fines se precisan tales o cuales medios que nos conducen a ellos, es algo que conocemos, no por haber descubierto una conexión necesaria entre nuestras ideas, sino solo por la observación de las establecidas leyes de naturaleza, sin las cuales todos estaríamos sumergidos en la incertidumbre y en la confusión, y un hombre maduro no sabría conducirse en los asuntos de la vida mejor que un niño recién nacido.

32. Y sin embargo, esta consistente y uniforme organización que tan evidentemente nos muestra la bondad y sabiduría de ese espíritu gobernante cuya

voluntad la constituyen las leyes de naturaleza, está tan lejos de conducir nuestros pensamientos a él, que los lleva a perderse en la búsqueda de causas secundarias. Pues cuando percibimos ciertas ideas del sentido que siempre van seguidas de otras ideas, y sabiendo que ello no es así por obra nuestra, inmediatamente atribuimos poder y actividad a las ideas mismas, y hacemos de unas la causa de las otras, lo cual no podría ser más absurdo e ininteligible. Así, por ejemplo, habiendo observado que cuando percibimos con la vista una cierta figura redonda y luminosa, percibimos al mismo tiempo con el sentido del tacto una sensación que llamamos calor, concluimos de ello que el sol es la causa del calor. Y de un modo semejante, al percibir que el movimiento y la colisión de los cuerpos va acompañada de un sonido, nos vemos inclinados a pensar que lo segundo es un efecto de lo primero.

33. Las ideas impresas en el sentido por el Autor de la Naturaleza son llamadas *cosas reales*, y las que son suscitadas en la imaginación, al ser menos regulares, firmes y constantes, son más propiamente llamadas *ideas* o *imágenes de cosas* que dichas ideas copian y representan.

Mas ocurre que nuestras sensaciones, por muy vívidas y distintas que sean, son, a pesar de todo, *ideas*, es decir, que existen en la mente o son percibidas por ella, lo mismo que las ideas que forma la mente misma. Debe reconocerse que las ideas del sentido tienen en sí más realidad, esto es, que son más fuertes, ordenadas y coherentes que las criaturas de la mente; pero esto no es argumento en favor de que existan fuera de la mente. Son también menos dependientes del espíritu o sustancia pensante que las percibe, en cuanto que son suscitadas por la voluntad de otro espíritu más poderoso. Con todo, siguen siendo *ideas*; y, ciertamente, ninguna *idea*, ya sea débil o fuerte, puede existir fuera de la mente que la percibe.

34. Antes de seguir adelante es necesario detenerse un poco en responder a las objeciones que probablemente se harán contra los principios que hasta aquí han quedado expuestos. Espero que se me perdone si al hacer esto resulto un poco prolijo para quienes gustan de concepciones rápidas; no todos los hombres pueden aprehender con la misma prontitud asuntos de esta naturaleza, y yo quiero que todos me entiendan. Podrá pues objetarse, en primer lugar, que, según los principios precedentes, todo lo que en la naturaleza hay de real y sustancial desaparecería del mundo, y que quedaría implantado en su lugar un quimérico sistema de ideas.

Todas las cosas que existen, existen sólo en la mente, es decir, son puras nociones. ¿Qué será, pues, del sol, de la luna y de las estrellas? ¿Qué hemos de pensar de las casas, los ríos, las montañas, los árboles, las piedras? ¿Qué decir, incluso, de nuestros propios cuerpos? ¿Es que todas estas cosas son únicamente quimeras e ilusiones de la fantasía? A ésta y a cualquier otra objeción de este tipo respondo diciendo que, según los principios propuestos, no quedamos privados de ninguna cosa de la naturaleza.

Todo aquello que vemos, sentimos, oímos, o de algún otro modo concebimos o comprendemos, permanece tan a salvo como siempre y es tan real como siempre. Continúa habiendo una *rerum natura*, y la distinción entre realidades y quimeras retiene toda su fuerza. Esto resulta evidente de lo dicho en las *Secciones 29*, *30* y *33*, en las que he mostrado lo que quiere decirse por *cosas reales* en oposición a las *quimeras* o ideas de nuestra propia fabricación. Mas tanto las unas como las otras existen en la mente, y en ese sentido son igualmente *ideas*.

35. Yo no estoy argumentando en contra de la existencia de cualquier cosa que podamos aprehender, ya sea mediante el sentido o mediante la reflexión. No me hago la menor cuestión de si las cosas que veo con mis propios ojos y toco con mis manos existen realmente. La única cosa cuya existencia negamos es eso que los filósofos llaman materias o sustancia el resto de la humanidad no sufre el menor daño, ni tampoco —me atrevo a decir— la echará

nunca de menos. Los ateos querrán, ciertamente, que el color de un nombre vacío dé apoyo a su impiedad; y tal vez los filósofos descubran que han perdido un gran pretexto para sus rencillas y disputas.

36. Si algún hombre piensa que esto va en detracción de la existencia o realidad de las cosas, está muy lejos de entender lo que ha sido expuesto en los términos más claros que he podido encontrar. He aquí un resumen de lo que ha quedado dicho: hay sustancias espirituales, mentes o almas humanas que suscitarán o que suscitan ideas dentro de sí, según les place. Pero estas ideas son vagas, débiles e inestables si se las compara con otras que son percibidas por el sentido y que, al estar impresas en nosotros según ciertas reglas o leyes naturales, están diciéndonos que son efecto de una mente más poderosa y sabia que los espíritus humanos. Se dice que estas últimas tienen más *realidad* que las primeras; y con ello quiere significarse que son más capaces de suscitar sentimientos, más ordenadas y distintas, y que no son ficciones de la mente que las percibe.

En este sentido, el sol que yo veo de día es el sol real, y el que imagino por la noche es la idea del anterior. En el sentido que aquí se da de la palabra *realidad*, es evidente que cada vegetal, cada astro, cada mineral y, en general, cada parte del sistema del mundo, son, según nuestros principios, cosas tan *reales* como lo serían según cualesquiera otros principios. Y si hay hombres que por el término *realidad* quieren significar algo diferente de lo que yo entiendo por dicho término, les invito a que miren dentro de sus propios pensamientos y vean por sí mismos.

37. Se nos objetará que, cuando menos, es verdad que estamos eliminando las sustancias corpóreas. A esto respondo que si la palabra *sustancia* es tomada en su sentido vulgar, como una combinación de cualidades sensibles como la extensión, solidez, peso y demás, no podría acusársenos de estar eliminándola. Pero si es tomada en un sentido filosófico, es decir, como algo que da soporte a accidentes o cualidades fuera de la mente, entonces sí reconozco, ciertamente, que estamos eliminándola, si es que puede llamarse eliminación el estar prescindiendo de algo que jamás ha tenido existencia, ni siquiera en la imaginación.

38. Pero me dice usted que resulta demasiado tosco decir que comemos y bebemos ideas, y que nos vestimos con ideas. Reconozco que así es, debido a que la palabra *idea* no se usa en el discurso común para significar las diversas combinaciones de cualidades sensibles que reciben el nombre de cosas; y es cierto que cualquier expresión que se aparta del uso acostumbrado del lenguaje ha de parecer tosca y ridícula.

Mas esto no afecta la verdad de mi proposición, que, dicha en otras palabras, equivale a decir que nos alimentamos y nos vestimos con esas cosas que percibimos inmediatamente a través de nuestros sentidos. La dureza o la blandura, el color, el sabor, la temperatura, la figura y otras cualidades semejantes que, juntadas las unas con las otras, constituyen las diversas clases de provisiones y vestidos, existen solamente, como ya se ha mostrado, en la mente que las percibe. Y esto es todo lo que quiere decirse cuando les damos el nombre de *ideas*, palabra que si de ordinario fuese utilizada como *cosa*, no sonaría ni más tosca ni más ridícula que ella. No estoy aquí disputando acerca de la propiedad de la expresión, sino acerca de su verdad. Por tanto, si usted está de acuerdo conmigo en que comemos y bebemos y nos vestimos con objetos inmediatos del sentido, los cuales no pueden existir sin ser percibidos, es decir, fuera de la mente, con mucho gusto le ré que es más apropiado y está en mayor conformidad con la costumbre el llamarlos cosas en vez de ideas.

39. Si se me preguntara por qué hago uso de la palabra *idea* en lugar de amoldarme a lo acostumbrado y llamar a esos objetos *cosas*, responderé que ello es debido a dos razones: en primer lugar, porque el término *cosa*, como algo distinto y contrario al término *idea*, se supone que generalmente denota

algo que existe independientemente de la mente; en segundo lugar, porque cosa tiene un significado más comprehensivo que *idea*, pues incluye espíritus y cosas pensantes, además de ideas. Por tanto, como los objetos del sentido existen solo en la mente y son en sí mismos no pensantes e inactivos, prefiero designarlos con la palabra *idea*, la cual implica esas propiedades.

40. Mas diga yo lo que diga, quizá siempre haya alguien que esté dispuesto a responderme que continuará creyendo en sus sentidos y que nunca aceptará argumento alguno, por plausible que sea, que prevalezca sobre la certeza que procuran los sentidos mismos. Que así sea; defienda usted la evidencia de los sentidos cuanto guste, que nosotros haremos lo mismo. Que lo que yo veo, oigo y siento existe, es decir, es percibido por mí, es algo de lo que no tengo más duda que de mi propio ser. Pero no veo cómo puede alegarse el testimonio del sentido como prueba de la existencia de algo que no es percibido por el sentido.

No estamos aquí abogando en favor de que un hombre se vuelva *escéptico* y descrea de sus sentidos; muy al contrario, estamos dando a los sentidos toda la fuerza y apoyo imaginables. Y no hay tampoco principios más opuestos al escepticismo de los que hemos establecido, como más adelante quedará claramente expuesto.

41. En segundo lugar, se objetará que hay una gran diferencia, por ejemplo, entre el fuego real y la idea de fuego; entre el soñar o imaginarse uno a sí mismo quemándose, y el hecho de estarlo. Esta y otras objeciones semejantes podrán esgrimirse en oposición a lo que mantengo. La respuesta a todas estas objeciones es evidente y se desprende de lo que ya se ha dicho.

Sólo añadiré en este lugar que si el fuego real es muy diferente de la idea de fuego, también ocurre que el dolor real que produce es muy diferente de la idea de ese mismo dolor; y, sin embargo, nadie pretenderá que el dolor real sea o pueda ser jamás algo que se dé en una cosa no-percibiente o fuera de la mente, como tampoco puede serlo la idea de dicho dolor.

42. En tercer lugar, se objetará que de hecho vemos cosas externas a distancia, y que, por tanto, esas cosas no existen en la mente, pues sería absurdo que lo que se ve a una distancia de varias millas pudiera estar tan cercano a nosotros como nuestros propios pensamientos. Como respuesta a esto, deseo que se considere que, a menudo, en un sueño percibimos como existentes cosas que están a una gran distancia de nosotros, a pesar de que se reconoce que esas cosas solo tienen existencia en la mente misma.

43. Mas, a fin de clarificar este asunto con mayor detalle, merecerá la pena considerar cómo percibimos con la vista la distancia y las cosas que se hallan situadas a distancia. Pues el que en verdad veamos el espacio exterior y cuerpos que en él existen realmente, algunos más cerca, otros más lejos, parece implicar una cierta oposición a lo que ha quedado dicho en referencia a que no existen en otro lugar que en la mente. La consideración de esta dificultad fue lo que dio origen a mi *Ensayo para una Nueva Teoría de la Visión*, que fue publicado no hace mucho. Allí se muestra que la distancia o exterioridad, ni es de suyo inmediatamente percibida por la vista, ni es tampoco aprehendida o juzgada por líneas, ángulos o cualquier otra cosa que esté necesariamente conectada con ella, sino que es solamente sugerida a nuestros pensamientos por ciertas ideas y sensaciones que acompañan a la visión y que en su propia naturaleza no tienen ningún modo de semejanza o relación ni con la distancia, ni con las cosas a distancia.

Muy al contrario, mediante una conexión que nos es enseñada mediante la experiencia, dichas ideas y sensaciones nos las significan y sugieren, del mismo modo que las palabras de un idioma nos sugieren las ideas que representan. Hasta tal punto es ello así, que un ciego de nacimiento que luego recobrara la vista, no pensaría al principio que las cosas por él vistas están fuera de su mente o alejadas de él. Véase la *Sección 14* del tratado más arriba mencionado.

44. Las ideas de la vista y del tacto forman dos especies enteramente distintas y heterogéneas. Las primeras son signos y anticipaciones de las segundas. Que los objetos propios de la vista no existen fuera de la mente ni son imágenes de cosas externas quedó mostrado ya en ese tratado. Y aunque el caso es exactamente el mismo, podrá suponerse que lo contrario es verdad cuando hablamos de objetos tangibles. No es que presuponer este vulgar error fuese necesario para establecer la noción que allí quedó expuesta, pero caía entonces fuera de mi propósito examinarlo y refutarlo en un discurso que se refería a la *visión*. De manera que, en estricto acuerdo con la verdad, las ideas de la vista, cuando mediante ellas aprehendemos la distancia y las cosas a distancia, no nos sugieren ni nos indican que de hecho hay cosas que existen a distancia, sino que se limitan a anunciarnos qué ideas del tacto serán impresas en nuestra mente en tales o cuales intervalos de tiempo y como consecuencia de tales o cuales actos.

Afirmo, pues, que de lo que se ha dicho en las partes precedentes de este tratado, y en la *Sección 147* y en las demás que componen mi ensayo sobre la visión, las ideas visibles son el lenguaje por el que el espíritu gobernante del que dependemos nos informa acerca de cuáles habrán de ser las ideas tangibles que va a imprimir en nosotros, caso de que suscitemos tal o cual movimiento en nuestros propios cuerpos. Para una información más completa sobre esto, refiero al lector al ensayo en cuestión.

45. En cuarto lugar, se objetará que de los principios precedentes se sigue que las cosas son en cada instante aniquiladas y creadas de nuevo. Los objetos del sentido solo existen cuando son percibidos: por tanto, los árboles están en el jardín, o las sillas en el salón, solamente mientras haya alguien que los perciba. En cuanto cierre yo los ojos, todos los muebles de esta habitación se reducirán a nada; y apenas vuelva yo a abrirlos, esos muebles serán creados de nuevo. En respuesta a todo esto, remito al lector a lo que se ha dicho en las *Secciones 3, 4*, etc., y le pido que considere verdaderamente está significando algo distinto de su seri percibida, cuando habla de la existencia real de una idea.

Por mi parte, y tras investigar el asunto con la mayor sutileza de que soy capaz, no puedo ver cómo podría significarse otra cosa con esas palabras. Y una vez más invito al lector a que analice sus propios pensamientos y no se deje llevar por las palabras. Si puede concebir como posible el que sus ideas o sus arquetipos existan sin ser percibidos, entonces me daré por vencido; pero si no puede concebir tal cosa, entonces tendrá que reconocer que no sería razonable por su parte salir en defensa de lo que no sabe lo que es, y acusarme de absurdo por no dar yo mi asentimiento a esas proposiciones que en el fondo carecen de significado.

46. No estará fuera de lugar el que yo observe aquí cuán susceptibles son los recibidos principios de la filosofía de haber caído ellos mismos en el absurdo de que a mí se me acusa. Pues se piensa que es sobremanera absurdo que por el hecho de cerrar yo los párpados, todos los objetos visibles que me rodean queden reducidos a nada; y sin embargo, ¿no es esto lo que generalmente reconocen los filósofos cuando están de acuerdo en que la luz y los colores, los cuales son los únicos y propios objetos inmediatos de la vista, son meras sensaciones que solo existen mientras son percibidas? Quizá pueda parecerles a algunos totalmente increíble que las cosas estén creándose a cada momento; pero esta misma noción es la que nos enseña la filosofía Escolástica. Porque los *escolásticos*, aunque admiten la existencia de la materia y dicen que toda la estructura del mundo está hecha de ella, son, sin embargo, de la opinión de que dicha materia no puede subsistir sin la conservación divina, la cual es explicada por ellos como una continua creación.

47. Más aún: reflexionando un poco, descubriremos que, aunque admitamos la existencia de la

materia o sustancia corpórea, se seguirá necesariamente de los principios que hoy son universalmente admitidos que los cuerpos particulares, cualesquiera que éstos sean, no existen mientras no son percibidos. Porque es consecuencia evidente de la *Sección 11* y de las siguientes, que la materia que los filósofos admiten y defienden es un algo incomprensible que no tiene ninguna de esas cualidades particulares por las que los cuerpos que caen bajo nuestros sentidos se distinguen los unos de los otros.

Mas para hacer esto claro debe hacerse notar que la infinita divisibilidad de la materia es hoy universalmente admitida, por lo menos por aquellos filósofos que son en mayor medida estimados y considerados, los cuales han demostrado la infinita divisibilidad, sin excepción alguna y basándose en los principios recibidos. De ello se sigue que hay un número infinito de partes en cada partícula de materia, las cuales no son percibidas por el sentido. La razón, por tanto, de que un cuerpo particular parezca ser de magnitud finita o muestre solamente un número finito de partes al sentido, no se debe a que no tenga más, ya que en sí mismo contiene un número infinito de ellas, sino a que el sentido no es suficientemente agudo para discernirlas.

Por consiguiente, a medida que el sentido va haciéndose más agudo, percibe un mayor número de partes en el objeto, es decir, que el objeto se muestra más grande y su figura varía; pues aquellas partes de sus extremidades que antes no habían sido percibidas, lo limitan ahora en líneas y ángulos muy diferentes de los que habían sido percibidos por un sentido menos acerado. Y a la larga, tras varios cambios de medida y figura, cuando el sentido llegue a ser infinitamente agudo, el cuerpo se mostrará infinito. Durante todo este proceso no hay alteración en el cuerpo, sino solo en el sentido. Por tanto, cada cuerpo es, considerado en sí mismo, infinitamente extenso; y en consecuencia, vacío de toda forma o figura.

De lo cual se sigue que aunque concediéramos que la existencia de la materia fuese siempre indiscutible, sería igualmente cierto que los materialistas mismos, en virtud de los principios en que se basan, son llevados forzosamente a reconocer que ni los cuerpos particulares percibidos por el sentido, ni nada semejante existe fuera de la mente. Digo que la materia y cada parte de ella es, de acuerdo con los materialistas, infinita y sin forma; y que es la mente la que configura toda la variedad de cuerpos que componen el mundo visible, cada uno de los cuales existe solamente mientras es percibido.

48. Si nos detenemos a considerarla, la objeción propuesta en la *Sección 45* no puede referirse a los principios que hemos establecido y no puede en verdad tomarse como objeción contra ninguna de nuestras nociones. Pues aunque mantenemos, ciertamente, que los objetos del sentido no son sino ideas que no pueden existir si no son percibidas, no puede de ello concluirse que no tienen existencia excepto cuando son percibidas por nosotros, ya que puede haber otro espíritu que las perciba, aunque nosotros nada sepamos de él. Siempre que digo que los cuerpos carecen de existencia fuera de la mente, no debe entendérseme que estoy refiriéndome a esta o a aquella mente en particular, sino a todas las mentes, cualesquiera que éstas sean. Así pues, de los principios precedentes no se sigue que los cuerpos sean aniquilados y creados de nuevo a cada momento, ni que dejen de existir por completo durante los intervalos que tienen lugar entre nuestras percepciones de ellos.

49. En quinto lugar, podrá quizá objetarse que si la extensión y la figura existen solamente en la mente, de ello habrá de seguirse que la mente es de suyo extensa y configurada, ya que la extensión es un modo o atributo que (para decirlo en el lenguaje de la Escolástica) se predica del sujeto en el que existe. A esto respondo que esas cualidades están en la mente solo en cuanto que son percibidas por ella, es decir, no como un modo o atributo, sino como una *idea*. Y así como no se deduce que la mente sea extensa porque la extensión exista solo en ella, así tampoco puede deducirse que la mente sea roja o

azul porque todos admitan que esos colores existen en ella y nada más que en ella. Y en cuanto a lo que los filósofos dicen acerca del sujeto y del modo, parece ser algo sin fundamento e ininteligible.

Por ejemplo, en la proposición *un dado es duro, extenso y cuadrado,* dicen que la palabra *dado* denota un sujeto o sustancia, como algo distinto de la dureza, la extensión y la figura que de él se predican y en el que existen. Y esto no puedo yo comprenderlo; a mí, un dado no me parece nada distinto de esas cosas a las que se les da la denominación de modos o accidentes suyos. Y decir que un dado es duro, extenso y cuadrado no es atribuir esas cualidades a un sujeto distinto que les da soporte, sino sólo una explicación de la palabra *dado.*

50. En sexto lugar, podrá objetarse que ha habido muchísimas cosas que se han explicado por la materia y el movimiento; y que si se quitan éstos, quedaría destruida toda la filosofía corpuscular y se derrumbarían esos principios mecánicos que se han aplicado con tanto éxito para dar una explicación a los *phenomena.* En breve, que todos los avances que han sido logrados por los filósofos antiguos y modernos en el estudio de la naturaleza, proceden de la suposición de que la sustancia corpórea, o materia, existe realmente. Pero explicar cómo la materia

puede operar en un espíritu o producir en él una idea, es algo que ningún filósofo pretenderá hacer.

Es, por lo tanto, evidente, que no puede hacerse uso de la materia en la filosofía natural. Además, quienes intentan dar una explicación de las cosas, no lo hacen recurriendo a la sustancia corpórea, sino a la figura, al movimiento y a otras cualidades que, en verdad, no son sino meras ideas y que, por consiguiente, no pueden ser causa de riada, como ya hemos demostrado. Véase *Sección 25*.

51. En séptimo lugar, se nos preguntará: ¿no parece absurdo eliminar las causas naturales y adscribirlo todo a una inmediata operación de los espíritus? Pues según estos principios, ya no' podremos decir que el fuego calienta y que el agua refresca, sino que es un espíritu el que calienta, etc. ¿No merecería un hombre ser ridiculizado por hablar de este modo? Y respondo que sí lo merecería; pues en asuntos de esta clase, *debemos pensar como los sabios y hablar como los ignorantes*. Aquellos que por demostración están convencidos de la verdad del sistema *copernicano*, dicen, sin embargo, que el sol se levanta, que el sol se pone, o que llega a su meridiano; y si por un prurito de afectación adoptasen en la conversación común un nuevo estilo de hablar, sin duda que aparecerían como ridículos. Reflexionando un poco sobre lo que aquí se ha dicho, se verá de

manera manifiesta que el uso común del lenguaje no tiene que sufrir alteración o cambio por el hecho de admitir lo que aquí mantenemos.

52. En los asuntos ordinarios de la vida, cualquier frase puede ser conservada siempre y cuando suscite en nosotros los sentimientos apropiados o la disposición a actuar de acuerdo con lo que es necesario para nuestro bienestar, aunque el lenguaje que empleemos sea falso en un estricto sentido especulativo. Y es más, ello habrá de resultar inevitable; pues como lo que consideramos apropiado viene determinado por la costumbre, el lenguaje es apto para expresar opiniones que han sido generalmente admitidas, aunque no siempre sean las más verdaderas.

De aquí que resulte imposible, hasta en los razonamientos filosóficos más rigurosos, alterar la inclinación y el genio de la lengua que hablamos, dando así buen pretexto para que los quisquillosos del lenguaje crean ver en lo que decimos inexactitudes e inconsistencias. Sin embargo, un lector honesto e inteligente captará el sentido de un discurso basándose en la intención, el tono y la concatenación del mismo, perdonando esos inexactos giros del lenguaje que el uso ha hecho inevitables.

53. En cuanto a la opinión de que no hay causas corpóreas, ha sido ya mantenida por algunos escolásticos y, en estos últimos tiempos, por algunos filóso-

fos modernos que, si bien reconocen que la materia no existe, mantienen que es solamente Dios el que es la causa eficiente de todas las cosas. Estos hombres han visto que, entre todos los objetos del sentido, no había ninguno que tuviese en sí poder o actividad alguna, y que, en consecuencia, esto era también verdad aplicado a cualquier cuerpo que se supusiera existente fuera de la mente, así como a los objetos inmediatos del sentido. Mas el que estos filósofos supongan que hay una innumerable multitud de seres creados, y reconozcan que éstos no pueden producir en la naturaleza efecto alguno y que, por tanto, han sido creados sin propósito, ya que Dios podría también haberlo hecho todo sin ellos, es algo que, aunque podríamos admitirlo como posible, resulta ser una suposición muy extravagante y difícil de justificar.

54. En octavo lugar, el consenso universal de la humanidad podría ser considerado por algunos como argumento invencible en favor de la materia o de la existencia de cosas externas. ¿Es que tenemos que suponer que todo el mundo está equivocado? Y si es así, ¿qué causa podríamos asignar a error tan predominante y extendido? A esto respondo, en primer lugar, que, si llevamos a cabo un escrutinio riguroso, tal vez descubriremos que quienes verdaderamente creen en la existencia de la materia o de cosas exteriores a la mente no son tantos como imaginábamos.

Estrictamente hablando, creer en algo que implica una contradicción o que no tiene significado en sí, es imposible; y que las expresiones precedentes no sean contradictorias, es cosa que someto al examen imparcial del lector. Ciertamente, en un sentido podría decirse que los hombres creen que la materia existe, es decir, que actúan como si la causa inmediata de sus sensaciones, la cual les afecta a cada momento y se les presenta de manera tan próxima, fuese algún ser insensible y no-pensante. Pero que los hombres aprehendan claramente un significado derivado de esas palabras y se formen a partir de ahí una firme opinión especulativa, es lo que no soy capaz de concebir. Y no es ésta la única ocasión en que los hombres se han engañado al imaginar que creen en una serie de proposiciones que han oído muchas veces, aunque en el fondo carecen de significado.

55. Añado, en segundo lugar, que aunque debemos admitir que hay opiniones que reciben firme y universal consenso, ello es muy débil argumento en favor de su valor de verdad, si consideramos la enorme cantidad de prejuicios y de falsas opiniones que han sido adoptados en todas partes, con la mayor tenacidad, por hombres incapaces de reflexionar (los cuales constituyen la mayoría del género humano). Hubo un tiempo en que los *antípodas* y el movimiento de la tierra fueron considerados

como absurdos monstruosos, incluso por hombres de saber; y si pensamos en la escasa influencia que esas nociones tienen hoy en una gran parte de la humanidad, nos daremos cuenta de que apenas si han ganado terreno en el mundo.

56. Pero se nos pedirá que asignemos una causa a este prejuicio y que expliquemos por qué se ha afincado en el mundo. A lo cual respondo que los hombres, sabiendo que percibían varias ideas de las cuales ellos no eran los autores —pues esas ideas no les venían suscitadas desde dentro, ni dependían de la operación de su voluntad—, ello les hizo mantener que esas ideas u objetos de percepción tenían una existencia exterior, independiente de la mente; y ni soñaron jamás que una contradicción iba implícita en esas palabras.

Mas los filósofos, al haber visto claramente que los objetos inmediatos de la percepción no existen sin la mente, corrigieron en alguna medida el error de la gente vulgar; pero, al mismo tiempo, han caído en otro que no es menos absurdo, a saber: que hay ciertos objetos que verdaderamente existen fuera de la mente o que tienen una subsistencia distinta de la de ser percibidos, y de los cuales nuestras ideas son solamente imágenes o semblanzas impresas en la mente por dichos objetos. Y esta noción de los filósofos debe su origen a la misma causa que dio lugar a la primera, a saber: el ser conscientes de que ellos no fueron los autores de sus propias sensaciones, las cuales ellos sabían con evidencia que les habían sido impresas desde fuera, y que, por tanto, debían tener una causa distinta de las mentes en las que estaban impresas.

57. Mas qué les hizo suponer que las ideas del sentido nos vienen suscitadas por cosas semejantes a ellas, en lugar de recurrir al *espíritu*, el cual es el único que puede actuar, puede explicarse en razón de que, en primer lugar, no repararon en la contradicción que implica el suponer que hay cosas que se parecen a nuestras ideas y que existen fuera de la mente, y el atribuirles poder o actividad. En segundo lugar, porque el espíritu supremo que suscita esas ideas en nuestra mente no está marcado y delimitado ante la vista por ninguna finita colección particular de ideas sensibles, como lo están los agentes humanos por su medida, su piel, sus miembros y sus movimientos. Y en tercer lugar porque sus operaciones son regulares y uniformes.

Siempre que el curso de la naturaleza es interrumpido por un milagro, los hombres están predispuestos a admitir la presencia de un agente superior. Pero cuando vemos que las cosas siguen un curso ordinario, éstas no suscitan en nosotros ninguna reflexión; su orden y concatenación, aunque son un argumento que prueba la inmensa sabiduría, poder y bondad de su creador, nos resultan tan acostumbrados y familiares, que no pensamos que son efectos inmediatos de un *espíritu libre*; y no lo pensamos, especialmente porque la inconstancia y la mutabilidad en el actuar, aunque son una imperfección, suelen considerarse como un signo de *libertad*.

58. En décimo lugar, podrá objetársenos que las nociones que aquí mantenemos son incompatibles con varias verdades indiscutibles en el orden de la filosofía y de las matemáticas. Por ejemplo, el movimiento de la tierra es hoy universalmente admitido por los astrónomos como una verdad fundamentada en las más claras y convincentes razones; pero según los principios precedentes, no podría haber tal cosa. Pues el movimiento, al ser únicamente una idea, se sigue de ello que si no es percibido, no existe; y ocurre que el movimiento de la tierra no se percibe por el sentido. A esto respondo que dicha verdad, si es correctamente entendida, se verá que está en consonancia con los principios que hemos propuesto.

Pues la cuestión de si la tierra se mueve o no, viene a ser en realidad solamente ésta, a saber: la de si tenemos razones para concluir, partiendo de lo que ha sido observado por los astrónomos, que si nos viéramos situados en tales o cuales circunstancias, y en tal o cual posición o distancia entre la tierra y el sol, percibiríamos que la primera se mueve entre el coro de los planetas y se muestra en todos los respectos como uno de ellos; y por virtud de las establecidas leyes de naturaleza, de las cuales no tenemos razón para desconfiar, esto se deduce razonablemente partiendo de los fenómenos.

59. A partir de la experiencia que hemos tenido del encadenamiento y sucesión de ideas en nuestra mente, podemos muchas veces hacer predicciones seguras y bien fundamentadas, y no únicamente inciertas conjeturas, acerca de las ideas por las que seremos afectados de acuerdo con una larga serie de acciones; y somos capaces de juzgar rectamente acerca de las apariciones por las que nos habríamos visto afectados en el caso de que nos encontráramos en circunstancias muy diferentes de las que nos rodean en el presente. En esto consiste el conocimiento de la naturaleza, el cual conserva su utilidad y su certeza conforme a lo que aquí se ha dicho, y es compatible con ello. Y lo mismo podrá aplicarse a cualquier objeción semejante que se derive de la magnitud de las estrellas o de cualquier otro descubrimiento en astronomía o en la naturaleza.

60. En undécimo lugar, podrá preguntársenos a qué responde esa curiosa organización de las plantas y el admirable mecanismo en las partes de los animales. Pues ¿no podrían los vegetales crecer y echar

hojas y flores, y no podrían los animales realizar todos sus movimientos tanto si tuvieran toda esa variedad de partes internas tanelegantemente concebidas y ensambladas como si no las tuvieran, ya que, al ser simplemente ideas, nada hay de poderoso u operativo en ellas, ni tienen ninguna conexión necesaria con los efectos que les asignamos? Si es un espíritu el que inmediatamente produce cada efecto mediante un *fiat* o acto de su voluntad, nos veremos forzados a pensar que todo lo que es sutil y artificial en las obras de los hombres o de la naturaleza, fue hecho en vano. Según esta doctrina, aunque un artífice haya hecho los muelles, las ruedas y todas las partes del movimiento de un reloj, y las haya ajustado de la manera que él sabía que iba a producir el movimiento por él proyectado, estará obligado a pensar que todo lo que ha hecho carece de propósito, ya que es una inteligencia la que dirige las manillas y marca la hora del día.

Y si esto es así, ¿por qué esa inteligencia no ha fabricado ella misma el reloj, sin hacer que el artífice se tomara la molestia de fabricar los movimientos y de coordinarlos? ¿Es que una caja de reloj vacía no serviría tan bien como cualquier otra? ¿Y cómo es que siempre que hay algún fallo en la marcha de un reloj hay un desorden correspondiente que puede encontrarse en los movimientos del mismo, los cuales, tras ser reparados por una mano experta, hacen que todo funcione otra vez correctamente? Lo mismo puede decirse del reloj de la naturaleza, gran parte del cual es tan diminuta y sutil que apenas si puede discernirse con ayuda del mejor microscopio.

61. A todo esto respondo, en primer lugar, que, aunque hubiera algunas dificultades respecto a la administración de la providencia y a los usos que ella ha asignado a las diferentes partes de la naturaleza —dificultades que yo no podría resolver adhiriéndome a los principios anteriores—, esta objeción tendría muy poco peso si se la compara con la verdad y certeza de aquellas cosas que pueden probarse a priori con la máxima evidencia.

En segundo lugar, tampoco están libres de dificultades los principios que han sido generalmente admitidos; pues podríamos preguntarnos con qué fin habría Dios adoptado esos métodos indirectos de efectuar las cosas sirviéndose de instrumentos y máquinas, cuando nadie niega que eso mismo podría haberlo hecho sin todo ese *apparatus*, mediante un simple acto de volición.

Y es más: si observamos de cerca la objeción que se nos hace, veremos que dicha objeción puede volverse contra quienes sostienen la existencia de esas máquinas al margen de la mente; porque ya Se ha hecho evidente que la solidez, el tamaño, la figura, el movimiento y demás, no tienen en sí mismos *actividad* o *eficacia* y no son capaces de producir efecto alguno en la naturaleza. Véase la *Sección 25*. Por tanto, quienquiera que suponga que existen (admitiendo que tal suposición fuera posible) cuando no son percibidos, es claro que lo hace sin propósito alguno; pues el único uso que se les asigna al decir que existen sin ser percibidos, es que producen esos efectos perceptibles que, ciertamente, sólo pueden adscribirse a un algo que sea espíritu.

62. Mas, a fin de examinar la dificultad más de cerca, hemos de observar que, aunque la fabricación de todas esas partes y órganos no fuera absolutamente necesaria para producir efecto alguno, sí es necesaria para la producción de cosas de una manera constante y regular en conformidad con las leyes de la naturaleza. Hay ciertas leyes generales que están presentes en toda la cadena de efectos naturales; y estas leyes las aprendemos mediante la observación y el estudio de la naturaleza, y son aplicadas por los hombres, tanto en la fabricación de cosas artificiales para uso y ornamento de la vida, como para la explicación de los varios *phenomena*. Dicha explicación consiste únicamente en mostrar la conformidad que tiene un fenómeno particular con las leyes generales de la naturaleza, o, lo que es lo mismo, en descubrir la uniformidad que hay en la producción de efectos naturales. Esto resultará evidente a quien preste atención a los varios casos

en que los filósofos tratan de dar una explicación de lo que se les aparece a los sentidos.

Que el Supremo Hacedor ha seguido estos métodos constantes y regulares en el modo de realizar sus obras, es de una evidencia abrumadora, como hemos mostrado en la *Sección 31*. Y no es menos evidente que una particular medida, una particular figura, un particular movimiento y una particular disposición de las partes, aunque no son cosas absolutamente necesarias para producir un efecto cualquiera, lo son para producirlo en conformidad con las leyes mecánicas de la naturaleza. Así, por ejemplo, es innegable que Dios, o la inteligencia que mantiene y rige el curso ordinario de las cosas, podría, si tuviese la intención de realizar un milagro, causar todos los movimientos que tienen lugar en la esfera de un reloj, aunque nadie hubiera fabricado los mecanismos y los hubiese puesto en el interior de dicho reloj; mas si quiere actuar conforme a las leyes de la mecánica por Él establecidas y mantenidas en la creación con un buen fin, entonces es necesario que esas acciones del relojero mediante las cuales se fabrican los movimientos y son por él ajustados, precedan a dichos movimientos; y es también necesario que cualquier fallo que tenga lugar en ellos, sea acompañado de la percepción de un fallo correspondiente en los mecanismos, los cuales, una vez que han sido reparados, harán que todo vuelva a funcionar correctamente.

63. Podrá haber ocasiones, ciertamente, en las que el Autor de la Naturaleza haga gala de su poder superior produciendo alguna apariencia que se salga del ordinario orden de las cosas. Estas excepciones a las reglas de la naturaleza son apropiadas para sorprender y asombrar a los hombres, llevándolos al reconocimiento del Ser Divino. Sin embargo, deben usarse muy pocas veces; pues, de lo contrario, no lograrían producir ese efecto. Además, Dios parece haber escogido convencer a nuestra razón de los atributos divinos sirviéndose de las obras de la naturaleza —las cuales dan muestra de tanta armonía y planificación y son indicaciones claras de la sabiduría y bondad de su autor—, en vez de sorprendernos con acontecimientos anómalos e inusitados para hacernos así creer en su Ser.

64. A fin de arrojar luz más clara sobre este asunto, haré la observación de que lo que se ha objetado en la *Sección 60* se reduce en realidad a esto: las ideas no se producen de cualquier modo y sin organización alguna, pues hay entre ellas un cierto orden y una cierta concatenación, como la que se da entre la causa y el efecto; hay también diversas combinaciones de ellas, que tienen lugar de manera muy regular y sofisticada. Lo cual es como si hubiera muchos instrumentos en las manos de la naturaleza, que estando, por así decirlo, entre bastidores, realizan una operación secreta y producen esas apariciones que vemos en el teatro del mundo. Y esos instrumentos solo puede discernirlos la curiosa mirada del filósofo. Pero como una idea no puede ser causa de otra, ¿para qué propósito sirve esa concatenación? Y como esos instrumentos, al ser apenas *ineficaces percepciones* que tienen lugar en la mente, no sirven para la producción de efectos naturales, habremos de preguntarnos por qué fueron hechos, o, en otras palabras, qué razón podría darse para que Dios nos hiciera, al examinar más de cerca sus obras, contemplar esa grande variedad de ideas tan diestramente concatenadas y reguladas. ¿Podríamos creer que Dios ha hecho todo ese gasto (si fuera permisible hablar así) de arte y de regularidad, sin que ello sirva propósito alguno?

65. A todo lo cual respondo, en primer lugar, que la concatenación de ideas no implica una relación de *causa* y *efecto*, sino únicamente una señal o *signo* de la cosa *significada*. El fuego que veo no es la causa del dolor que yo sufro al estar muy cerca de él, sino la señal que me advierte de dicho dolor. De igual manera, el ruido que oigo no es el efecto de tal o cual movimiento o colisión de cuerpos en el espacio que me rodea, sino el signo de dicho movimiento o colisión.

En segundo lugar, la razón de por qué las ideas se combinan formando máquinas, es decir, combinaciones artificiales y regulares, es la misma que hace que las letras se combinen para formar palabras. Para que unas pocas ideas originales puedan llegar a significar un gran número de efectos y acciones, es necesario que se combinen entre sí de diversas maneras; y a fin de que su uso sea permanente y universal, estas combinaciones deben hacerse según una *regla* y con un *plan sabio*. Por estos medios se nos da abundante información acerca de lo que debemos esperar de tales o cuales acciones, y qué medios apropiados han de tomarse para suscitar tales o cuales ideas. Todo lo cual es lo que yo concibo claramente que quiere decirse cuando afirmamos que mediante el discernimiento de la figura, textura y mecanismo de las partes interiores de los cuerpos, ya sean éstos naturales o artificiales, podemos llegar a conocer los varios usos y propiedades que dependen de ellos, o la naturaleza de la cosa.

66. De esto resulta evidente que esas cosas que son completamente inexplicables y nos llevan a grandes absurdos si recurrimos a la noción de una causa que coopera o concurre en la producción de efectos, pueden explicarse muy naturalmente y puede asignárseles un uso apropiado y obvio cuando las consideramos únicamente como señales o signos para nuestra información. Y es la búsqueda y el empeño de entender esos signos instituidos por el Autor de la Naturaleza, lo que debería constituir la faena del filósofo natural, y no la pretensión de

explicar las cosas por causas corpóreas. Pues esta doctrina de las causas parece haber apartado las mentes de los hombres de ese principio activo, de ese supremo y sabio espíritu *en quien vivimos, nos movemos y tenemos nuestra existencia.*

67. En decimosegundo lugar, quizá pueda objetarse que aunque, de lo que aquí ha quedado dicho, esté claro que no puede haber tal cosa como una sustancia inerte, insensible, sólida, con figura y con movimiento y con existencia fuera de la mente que equivalga a lo que los filósofos describen dándole el nombre de materia, ocurrirá, sin embargo, que si un hombre descarta su idea de *materia*, esto es, las ideas positivas de extensión, figura, solidez y movimiento, y dice que por el término materia solo quiere significar una sustancia inerte e insensible que existe fuera de la mente y sin ser percibida, la cual es la ocasión de nuestras ideas, o mediante cuya presencia Dios se complace en suscitar ideas en nosotros, podrá parecer, ciertamente, que la materia así entendida tenga la posibilidad de existir. A lo cual respondo diciendo, primero, que no resulta menos absurdo suponer una sustancia sin accidentes, que suponer accidentes sin una sustancia.

Y, en segundo lugar, que aunque concedamos que esta sustancia desconocida pueda existir, ¿dónde supondremos que está? Estamos de acuerdo en que no existe en la mente; pero no es menos cierto que tampoco existe en un lugar, ya que toda extensión existe sólo en la mente, como ya hemos probado. Sólo queda, pues, concluir que no existe en ninguna parte en absoluto.

68. Examinemos someramente la descripción que se nos da de la *materia*. Es un algo que ni actúa, ni percibe, ni es percibido, pues eso es lo que quiere decirse cuando se afirma que es una sustancia inerte, insensible y desconocida. Es ésta una definición compuesta de negaciones, excepto la relativa noción de su subyacer o dar soporte.

Pero, entonces, hemos de hacer la observación de que *da soporte* a nada en absoluto. Y quiero que el lector considere si esto no se aproxima mucho a la descripción de una *no-entidad*. Pero me dice usted que es la ocasión *desconocida* en presencia de la cual las ideas son suscitadas en nosotros por la voluntad de Dios. Ahora bien, me gustaría saber cómo podría hacérsenos presente algo que no es perceptible ni por el sentido ni por la reflexión, que no es capaz de producir ninguna idea en nuestra mente, que no es extenso, y que tampoco tiene forma ni existe en ningún lugar. Las palabras *estar presente*, cuando son así aplicadas, tienen que estar tomándose en un sentido abstracto y extraño, el cual yo no soy capaz de comprender.

69. Examinemos una vez más lo que quiere decirse por *ocasión*. En lo que yo alcanzo a deducir

del uso común del lenguaje, esa palabra significa, o bien el agente que produce algún efecto, o algo que observamos que lo acompaña o lo precede en el curso ordinario de las cosas. Pero cuando se aplica a la materia tal y como ésta ha quedado descrita más arriba, no puede tomarse en ninguno de esos sentidos. Porque se dice que la materia es pasiva e inerte, y, por tanto, no puede ser ni agente ni causa eficiente. Es también imperceptible, ya que está desprovista de todas las cualidades sensibles; y así, no puede ser la ocasión de nuestras percepciones en el segundo sentido que dábamos a la palabra *ocasión*, como cuando decimos que el quemarse mi dedo es la ocasión del dolor que de ello se sigue. ¿Qué quiere, pues, decirse llamando a la materia una *ocasión*? O bien este término es utilizado sin sentido alguno, o bien se usa en un sentido muy apartado del significado que acostumbramos darle.

70. Quizá se me diga que la materia, aunque no sea percibida por nosotros, es sin embargo percibida por Dios, para el cual ella es la ocasión para suscitar ideas en nuestra mente. Pues me dice usted que, como observamos que nuestras sensaciones son impresas de una manera ordenada y constante, es razonable suponer que hay ciertas ocasiones constantes y regulares de que se produzcan. Es decir, que hay ciertas permanentes y distintas parcelas de materia

que se corresponden con nuestras ideas, si bien no las suscitan en nuestra mente.

Y aunque no nos afectan de ningún modo, pues son absolutamente pasivas e imperceptibles para nosotros, lo son, sin embargo, para Dios, por el cual son percibidas como ocasiones que le recuerdan cuándo y qué ideas va a imprimir en nuestra mente para que las cosas sigan un curso constante y uniforme.

71. En respuesta a esto, hago la observación de que, tal y como la noción de materia es aquí expuesta, la cuestión no se refiere ya a la existencia de una cosa distinta del *espíritu* y de la *idea*, es decir, del percibir y del ser percibido, sino a la cuestión de si hay ciertas ideas —no sé yo de qué tipo— en la mente de Dios, las cuales vienen a ser señales o notas que le sirven de dirección para producir sensaciones en nuestra mente según un método constante y regular; algo muy semejante al modo en que un músico es dirigido por las notas musicales para producir esa armoniosa serie y composición de sonidos que recibe el nombre de *melodía*, sin que quienes escuchan la música perciban las notas, y las ignoren por completo. Pero esta noción de materia parece demasiado extravagante como para merecer que se la refute. Además, no constituye en sí objeción a lo que aquí defendemos, a saber, que no hay *sustancia* que sea insensible y no percibida.

72. Si seguimos la luz de la razón, podremos, a partir del constante y uniforme método por el que se rigen nuestras sensaciones, deducir la bondad y la sabiduría del *espíritu* que suscita dichas sensaciones en nuestra mente. Pero esto es todo lo que de ello puede concluirse. Digo que, para mí, es evidente que la existencia de un espíritu *infinitamente sabio, bueno y poderoso* es de sobra suficiente para explicar todo lo que se nos muestra en la naturaleza. Pero en lo que respecta a una *materia inerte e insensible*, nada de lo que percibo tiene la menor conexión con ella, ni nos lleva a pensar en ella. Y me alegraría ver que alguien fuese capaz de explicar, mediante ella, el menor *phenomenon* de la naturaleza, o que me mostrara algún razonamiento que, siquiera con mínima probabilidad, pudiera esgrimirse en favor de su existencia, o que pudiese dar un sentido o significado tolerable a esa suposición. Pues en lo que se refiere a su papel de ocasión, creo que ya hemos mostrado con evidencia que para nosotros no es ocasión alguna. Sólo quedaría, por tanto, que fuese una ocasión para que Dios suscitase ideas en nosotros; y lo que esto último quiere decir, acabamos ya de verlo.

73. Merece la pena reflexionar un poco acerca de los motivos que indujeron a los hombres a suponer la existencia de la sustancia material. Y observando la gradual cesación y muerte de esos motivos o

razones, podremos proporcionalmente retirar nuestro asentimiento que estaba basado en ellos. Así, en primer lugar, se pensaba que el color, la figura, el movimiento y el resto de las cualidades sensibles o accidentes, existían fuera de la mente.

Y por esta razón parecía necesario suponer algún substrato o sustancia no-pensante en que esas cualidades sensibles existían, ya que no podía concebirse que existieran por sí mismas. Después, conforme fue pasando el tiempo, al estar los hombres convencidos de que los colores, los sonidos y el resto de las cualidades sensibles secundarias carecían de existencia fuera de la mente, eliminaron este *substrato* o substancia material de las cualidades sensibles secundarias, dejando sólo las primarias, es decir, la figura, el movimiento, y otras semejantes, las cuales eran aún concebidas como existentes fuera de la mente y, en consecuencia, con necesidad de un soporte material. Pero, habiéndose ya demostrado que ni siquiera estas últimas cualidades pueden existir como no sea en un espíritu o mente que las perciba, se sigue de ello que no tenemos ya razón alguna para suponer la existencia de la *materia*. Y es más: descubrimos que es absolutamente imposible que haya tal cosa, mientras continuemos tomando esa palabra para denotar un *substrato no-pensante* que da soporte a las cualidades o accidentes, y en el que éstos existen con de la mente. independencia

74. Los *materialistas* mismos conceden que se pensó en la materia solo para dar soporte a los accidentes. Eliminada esta razón, uno podría esperar que la mente abandonase, sin la menor resistencia, la creencia que estaba únicamente basada en dicha razón. Sin embargo, el prejuicio ha arraigado tan profundamente en nuestro pensamiento, que no logramos deshacernos de él; y nos vemos, por tanto, inclinados a retener por lo menos el nombre de materia, ya que la cosa en sí misma es indefendible. Y ese nombre lo aplicamos a no sé qué nociones abstractas de *existencia* u *ocasión*, aunque sin razón alguna, según yo alcanzo a ver.

Pues ¿qué hay en nosotros, o qué percibimos entre todas esas ideas, sensaciones, nociones que quedan impresas en nuestra mente a través del sentido o de la reflexión, de lo cual podamos inferir la existencia de una ocasión inerte, no pensante y no percibida? Y, por otro lado, ¿qué hay que pueda hacernos creer o siquiera sospechar que un *espíritu autosuficiente* tenga que ser *dirigido* por una ocasión inerte para suscitar ideas en nuestras mentes?

75. Es un ejemplo extraordinario de los extremos a que puede llegar la fuerza del prejuicio, y es muy de lamentar, el que la mente humana tenga tanto apego, contra toda evidencia racional, a un estúpido *algo* que está privado de pensamiento, por cuya inter-

posición la mente quedaría, por así decirlo, separada de la providencia de Dios, alejándolo de los asuntos del mundo. Mas aunque hacemos todo lo posible por asegurar la creencia en la *materia*; aunque, cuando la razón nos abandona, tratamos de dar apoyo a nuestra opinión recurriendo a la mera posibilidad de la cosa; y aunque nos dejemos llevar totalmente por una imaginación no regulada por la razón con el propósito de hacer sitio a esa posibilidad, la conclusión de todo esto es que hay *ciertas ideas desconocidas* en la mente de Dios; pues esto, si es que es algo, es todo lo que puedo concebir que quiere decirse por *ocasión* con respecto a Dios. Y esto, en el fondo, no es estar ya argumentando en favor de la *cosa*, sino del *nombre*.

76. Por tanto, que haya tales ideas en la mente de Dios, y que pueda dárseles el nombre de *materia*, es algo que no pongo en disputa. Pero si sigue usted apegado a la noción de una sustancia no-pensante que da soporte a la extensión, al movimiento y a las demás cualidades sensibles, entonces me resulta claro que es imposible que haya tal cosa. Pues es una contradicción palmaria el que esas cualidades existieran en una sustancia no perceptora, o que recibiesen soporte de ella.

77. Pero me dice usted que, aun concediendo que no hubiese un soporte no pensante de la extensión y de las otras cualidades o accidentes que percibimos, quizá pudiera haber alguna sustancia inerte, no-perceptora: un *substrato* de algunas otras cualidades tan incomprensibles para nosotros como lo son los colores para un ciego de nacimiento, al no tener nosotros un sentido que se adapte a ellas; pero que, si contáramos con un nuevo sentido, no dudaríamos ya de su existencia, igual que un ciego que ha recobrado la vista no duda de la existencia de la luz y los colores. A esto respondo, en primer lugar, que si lo que usted quiere decir por la palabra *materia* es solamente el soporte desconocido de cualidades desconocidas, no importa que una cosa así exista o no, ya que no nos concierne en absoluto. Pues no veo yo la ventaja que hay en disputar acerca de algo que no sabemos *lo que es*, ni *por qué*.

78. En segundo lugar, si adquiriéramos un nuevo sentido, éste solo podría proporcionarnos nuevas ideas o sensaciones. Y entonces, tendríamos las mismas razones para negar la existencia de dichas ideas o sensaciones en una sustancia no-perceptora, que las que ya se han presentado con relación a la figura, el movimiento, el color y otras semejantes. Las cualidades, como ya se ha mostrado, no son sino *sensaciones* o *ideas* que existen solo en una *mente* que las percibe. Y esto es verdad, no solo aplicado a las ideas con las que estamos ahora familiarizados, sino también a todas las ideas posibles, sean éstas las que fueren.

79. Pero podrá insistir usted diciendo: ¿Qué importa que yo carezca de razones para creer en la existencia de la materia? ¿Qué importa que yo no pueda asignarle ningún uso o explicar nada con ella, o incluso concebir lo que quiere decirse con esa palabra? Aunque ello fuera así, me dice usted, no habría contradicción en afirmar que la materia existe y que esta materia es *en general* una *sustancia* o una *ocasión de las ideas*, si bien, ciertamente, explicar el significado o adherirse a una interpretación particular de esas palabras pueda ser algo rodeado de grandes dificultades.

A esto respondo diciendo que cuando las palabras se utilizan sin significado, pueden ponerse juntas de la manera que a uno le plazca, sin peligro de caer en una contradicción. Podría usted decir, por ejemplo, que *dos por dos* es igual a *siete*, siempre que usted declare que no está tomando las palabras de esa proposición en su acepción ordinaria, sino como signos de algo que usted no sabe lo que es. Y por esa misma razón, podría usted decir que existe una sustancia no pensante, sin accidentes, que es la ocasión de nuestras ideas. Y nosotros entenderemos por esa proposición tanto como entendemos por la otra.

80. En último lugar, usted me dirá: ¿qué si renunciamos a la causa de la sustancia material y aseguramos que la materia es un *algo* desconocido, algo que no es ni sustancia, ni accidente, ni espíritu, ni idea;

inerte, no pensante, indivisible, inmóvil, inextenso e inexistente en lugar alguno? Pues todo lo que se arguya en contra de la *sustancia*, o de la *ocasión*, o de cualquier otra noción positiva o relativa de la materia, estará fuera de lugar mientras podamos dar nuestro asentimiento a la definición *negativa* de la materia. A esto respondo diciendo que, si le parece bien, usted podrá usar la palabra *materia* en el mismo sentido en que otros hombres usan la palabra *nada*, y hacer que ambos términos sean equivalentes en su estilo de hablar. Porque, después de todo, eso es lo que a mí me parece que es el resultado de esa definición, cuyas partes, cuando las considero con atención, ya colectivamente, ya separadas las unas de las otras, no veo que produzcan en mi mente ningún efecto o impresión que sea diferente de lo que me suscita el término *nada*.

81. Quizá me responda usted diciendo que en la antedicha definición está incluido algo que la distingue de la nada, a saber, la idea abstracta de *quididad, entidad* o *existencia*. Reconozco, ciertamente, que quienes afirman que tenemos la facultad de formarnos ideas abstractas generales, hablan como si tuvieran una idea así, la cual es, según dicen, la más abstracta y general de todas, y la cual es para mí la más incomprensible. Que hay una gran variedad de espíritus de rango y capacidades diferentes,

cuyas facultades exceden en número y en amplitud las que el autor de mi existencia me ha concedido a mí, es algo que no tengo razones para negar. Y, ciertamente, sería gran locura y presunción por mi parte pretender determinar mediante mis escasos, limitados y estrechos recursos de percepción, qué ideas haya podido imprimir en dichos espíritus el inextinguible poder del Espíritu Supremo.

Pues, según yo alcanzo a discernir, puede haber innumerables clases de ideas o sensaciones tan diferentes entre sí, y tan diferentes de las que yo he percibido, como lo son los colores de los sonidos. Mas aunque yo esté más que dispuesto a reconocer lo limitada que es mi comprensión con respecto a la infinita variedad de espíritus e ideas que podrían existir, digo también que sería, según sospecho, una grave contradicción y un juego de palabras el pretender que haya una noción de entidad o existencia *separada* del *espíritu* o *idea*, del percibir y del ser percibido. Queda ahora considerar las objeciones que puedan hacérseme por parte de la religión.

82. Hay algunos que piensan que aunque los argumentos a favor de la existencia real de los cuerpos, y que se derivan de la razón, no alcancen el rango de una demostración, las Sagradas Escrituras son, sin embargo, tan claras en este punto, que por sí solas bastarán para convencer a todo buen cristiano de que los

cuerpos existen realmente y son algo más que meras ideas. Pues en la Sagrada Escritura se relatan hechos innumerables que evidentemente suponen la realidad de la madera, de las piedras, de las montañas, de los ríos, de las ciudades y de los cuerpos humanos. A esto respondo que no hay escrito alguno, ya sea sagrado o profano, que use significativamente estas palabras y otras semejantes en la acepción vulgar, que esté en peligro de que cuestionemos su verdad por causa de nuestra doctrina. Que todas esas cosas existen realmente; que hay cuerpos; que hay, incluso, sustancias corpóreas, es algo que, cuando lo tomamos en su acepción vulgar, concuerda, como ya hemos mostrado, con nuestros principios. La diferencia entre *cosas* e *ideas, realidades* y *quimeras*, ha sido distintamente explicada. Y no creo que ni lo que los filósofos llaman materia, ni la existencia de objetos fuera de la mente, se mencionen en parte alguna de la Escritura.

83. Repitámoslo: haya o no haya cosas externas, todo el mundo está de acuerdo en que el uso apropiado de nuestras palabras es el de marcar nuestras concepciones o cosas, solamente tal y como nos son conocidas y percibidas; de lo cual se sigue claramente que, en las tesis que he expuesto, no hay nada inconsistente con el uso correcto y significativo del *lenguaje*; y que el discurso, sea del tipo que sea, no quedará, siempre que sea inteligible, afectado por

mi doctrina. Mas todo esto se deduce tan explícitamente de lo que quedó dicho en las premisas, que será innecesario insistir más en ello.

84. Mas se me pondrá la objeción de que, cuando menos, los milagros perderían mucho de su fuerza e influencia si se aceptaran mis principios. Pues ¿es que habremos de pensar que la caña de *Moisés* no fue realmente convertida en una serpiente, sino que solo tuvo lugar un cambio de *ideas* en las mentes de los espectadores? ¿Es que podremos suponer que nuestro Salvador, en el banquete de las bodas de *Caná*, no hizo más que actuar sobre la vista, el olfato y el gusto de los invitados limitándose a crear en ellos la apariencia o idea de vino? Lo mismo podría decirse de todos los demás milagros, los cuales, si se aceptan los principios que han quedado antedichos, deberían ser considerados como meros engaños o ilusiones de la fantasía. A esta objeción respondo afirmando que la caña fue convertida en una serpiente real, y que el agua fue convertida en vino real.

Esto no contradice en lo más mínimo lo que yo he establecido, como podrá verse con claridad en las *Secciones 34* y *35*. Este asunto de lo *real* y lo *imaginario* ha quedado, además, tan palmaria y exhaustivamente explicado, y nos hemos referido a él tantas veces, y las dificultades a que puede dar lugar son tan fácilmente refutables según lo que se ha venido diciendo, que sería una ofensa para el entendimiento del lector volver a explicarlo en este lugar. Sólo haré la observación de que si quienes estaban sentados a la mesa vieron y olieron y gustaron y bebieron vino, y sintieron los efectos suyos, a mí no me cabe duda de que aquel vino era real. De manera que, en el fondo, todos los escrúpulos acerca de los milagros no tienen cabida en nuestros principios, sino en los principios tradicionalmente aceptados. Y, por consiguiente, la objeción opera más *a favor que en contra* de lo que ha quedado dicho.

85. Habiendo, pues, refutado las objeciones, las cuales he tratado de poner a la luz más clara dándoles toda la fuerza y peso que he podido, procederé a examinar nuestra doctrina en sus consecuencias. Algunas de ellas se echan de ver fácilmente: varias de esas difíciles y oscuras cuestiones en las que se ha empleado tantísima especulación, quedan, si se admite mi doctrina, eliminadas de la filosofía. ¿Puede pensar la sustancia corpórea? ¿Es la materia infinitamente divisible? ¿Y cómo opera sobre el espíritu? Estas y otras inquisiciones semejantes han dado infinito entretenimiento a filósofos de todas las épocas. Mas como esas cuestiones dependen de la existencia de la materia, no pueden tener ya lugar si se aceptan mis principios. Hay también otras muchas ventajas tanto en lo referente a la religión como en lo referente a las

ciencias. Y cualquiera podrá deducir fácilmente esas ventajas de lo que ya se ha expuesto. Mas esto quedará mostrado aún más claramente en lo que sigue.

86. De los principios que hemos establecido se sigue que el conocimiento humano puede naturalmente ser reducido a dos categorías: la de las *ideas* y la de los *espíritus*. Trataremos de cada una de éstas en orden. En primer lugar, por lo que se refiere a las ideas o cosas no pensantes, nuestro conocimiento de ellas se ha visto muy oscurecido y confundido, y hemos sido llevados a errores muy peligrosos al suponer que hay una doble existencia de los objetos del sentido: una *inteligible*, o dentro de la mente, y otra *real* y exterior a la mente; y de ello se ha deducido que las cosas no pensantes tienen en sí mismas una subsistencia natural, distinta de la de ser percibidas por espíritus.

Esto, que si no me equivoco he demostrado que es una noción absurda y sin fundamento, es la raíz misma del *escepticismo*. Pues mientras los hombres pensaron que las cosas reales existían fuera de la mente y que su conocimiento sólo podía considerarse *real* si se correspondía con *cosas reales*, no pudieron estar ciertos de poseer ningún conocimiento real en absoluto. Porque ¿cómo podría saberse que las cosas que son percibidas se conforman con las que no son percibidas es decir, con cosas que existen fuera de la mente?

87. El color, la figura, el movimiento, la extensión, etc., cuando se consideran como otras tantas *sensaciones* en la mente, son perfectamente conocidos, pues nada hay en la sensación que no sea percibido. Pero si se miran como notas o imágenes que se refieren a *cosas* o *arquetipos* existentes fuera de la mente, entonces todos nos vemos anegados en el *escepticismo*. Porque nosotros vemos únicamente las apariencias, y no las cualidades reales de las cosas.

Lo que sean la extensión, la figura o el movimiento de algo, son cosas que a nosotros nos resulta imposible conocer en sí mismas de una manera real y absoluta; sólo las conocemos en la medida en que están relacionadas con nuestros sentidos y en la proporción en que éstos sean afectados por ellas. Las cosas son siempre las mismas; nuestras ideas varían; y cuál de estas ideas, si es que hay alguna, es la que representa la verdadera cualidad existente en la cosa, es algo cuya determinación está fuera de nuestro alcance. De tal modo que, por lo que nosotros sabemos, todo lo que vemos, oímos y sentimos, puede que quizá sólo sea un fantasma, una vana quimera, y que no coincida en absoluto con cosas reales y existentes en la *rerum natura*.

Todo este escepticismo es lo que se sigue de suponer que hay una diferencia entre *cosas* e *ideas*, y que las primeras tienen una subsistencia fuera de la mente, es decir, no-percibida. Sería fácil extenderse sobre este asunto y mostrar cómo los argumentos esgrimidos por los *escépticos* de todas las épocas dependen de la suposición de que hay objetos externos.

88. Siempre que sigamos atribuyendo una existencia real a cosas no-pensantes, es decir, una existencia distinta de la que les confiere el ser percibidas, no solo será imposible que conozcamos con claridad la naturaleza de algún ser real no-pensante, sino también conocer siquiera que existe. Y tras estar empeñados en gran trabajo y lucha mental, se ven forzados a conceder que no podemos alcanzar un conocimiento auto evidente o demostrativo de la existencia de cosas sensibles. Pero toda esta duda que tanto desorienta y confunde a la mente y hace que la *filosofía* aparezca como algo ridículo a los ojos del mundo, se desvanece si le damos un significado a nuestras palabras y no perdemos el tiempo jugando con términos como *absoluto, exterior, existir* y otros parecidos que no sabemos lo que significan. Puedo dudar de mi propio ser, así como del ser de esas cosas que actualmente percibo mediante el sentido. Pues es una contradicción manifiesta el que un objeto sensible sea inmediatamente percibido por la vista o el tacto, y que al mismo tiempo no tenga existencia en la naturaleza, ya que la existencia misma de un ser nopensante consiste en *ser percibido*.

89. Si queremos erigir un firme sistema de conocimiento válido y real que constituya una prueba frente a los ataques del escepticismo, nada parece ser más importante que el establecer sus fundamentos dando una explicación clara de lo que quiere decirse por *cosa, realidad, existencia.* Porque estaremos disputando en vano acerca de la existencia real de las cosas, y en vano estaremos pretendiendo tener algún conocimiento de ellas, mientras no fijemos el significado de esas palabras.

Cosa o *ser* es el más general de todos los términos, y en él quedan comprendidas dos especies enteramente distintas y heterogéneas que solo tienen en común el hecho de ser designadas con un mismo nombre. Estas dos especies son los *espíritus* y las *ideas.* Los primeros son *sustancias activas, indivisibles*; las segundas son *seres inertes, transitorios, dependientes,* que no tienen subsistencia por sí mismos, sino que son soportados por las mentes o sustancias espirituales, y existen en ellas.

Nosotros comprendemos nuestra existencia mediante un sentimiento o reflexión interior; y la de los otros espíritus, mediante la razón. Podría decirse que tenemos algún conocimiento o noción de nuestras propias mentes, de los espíritus o seres activos, aunque, en un sentido estricto, no tenemos ideas de ellos. De igual manera, conocemos y tenemos una noción de relaciones entre cosas o ideas, las cuales relaciones son distintas de las ideas o cosas relacionadas, en cuanto que las segundas pueden ser percibidas por nosotros sin que tengamos percepción de las primeras. A mí me parece que las ideas, los espíritus y las relaciones, son todos ellos, cada cual en su categoría, el objeto del conocimiento humano y la materia del discurso; y que el término idea sería impropiamente ampliado si quisiéramos significar con él todo lo que conocemos o de lo que tenemos noción.

90. Las ideas impresas en los sentidos son cosas reales, es decir, existen realmente. Es esto algo que no negamos. Pero negamos que puedan subsistir fuera de las mentes que las perciben, o que sean réplicas de arquetipos existentes fuera de la mente. Y lo negamos porque el ser mismo de una sensación o idea consiste en ser percibida, y una idea sólo puede aparecerse a otra idea. Repitámoslo: las cosas percibidas por el sentido pueden ser llamadas *externas* en lo que respecta a su origen, ya que no son producidas desde dentro por la mente misma, sino que son impresas por un espíritu distinto del que las percibe. Asimismo, puede decirse que hay objetos sensibles que existen fuera de la mente, en el sentido de que existen en alguna otra mente distinta de la nuestra. De manera que cuando yo cierro los ojos, las cosas

que yo veía puede que sigan existiendo; pero, de ser así, han de estar existiendo en alguna otra mente.

91. Sería un error pensar que lo que aquí decimos anula en lo más mínimo la realidad de las cosas. Según los principios comúnmente aceptados, se reconoce que la extensión, el movimiento y, en una palabra, todas las cualidades sensibles, tienen necesidad de un soporte, ya que no pueden subsistir por sí mismas. Pero es cosa admitida que los objetos percibidos por el sentido no son sino combinaciones de esas cualidades y que, en consecuencia, no pueden subsistir por sí mismas. Hasta aquí todo el mundo está de acuerdo. De modo que negarles a las cosas que se perciben por el sentido una existencia independiente de una sustancia o soporte en el que pueden existir, no es quitarle nada a la noción generalmente admitida acerca de su *realidad*, ni implica innovación alguna al respecto.

La única diferencia estriba en que, según nosotros, los seres no-pensantes percibidos por el sentido no tienen una existencia distinta de la de ser percibidos y, por consiguiente, no pueden existir en otra sustancia que no sea una de esas sustancias inextensas e indivisibles a las que llamamos *espíritus*, las cuales actúan y piensan y los perciben. Por su parte, los filósofos mantienen vulgarmente una opinión contraria: que las cualidades sensibles existen en una sustancia inerte, extensa y no-percibiente, a la cual llaman *materia* y a la que atribuyen una subsistencia natural, exterior a todos los seres pensantes, o como algo distinto del mero ser percibido por alguna mente, incluso la mente eterna del Creador, en la cual suponen que sólo hay ideas de las sustancias corpóreas creadas por Él, si es que llegan a admitir que han sido creadas en absoluto.

92. Porque así como hemos mostrado que la doctrina de la materia o sustancia corpórea ha sido el principal pilar y soporte del *escepticismo*, vemos también que sobre esos mismos cimientos se han erigido todos los impíos esquemas del *ateísmo* y de la irreligiosidad. Y es más: tan grandes dificultades se ha pensado que existen si tratamos de concebir la materia como algo producido de la nada, que los filósofos antiguos más famosos, incluso aquéllos que mantuvieron la existencia de un Dios, pensaron que la materia era increada y coeterna con Él. Cuán gran amiga ha sido la sustancia material de los ateos de todas las épocas, es cosa que no necesita ser aquí narrada. Todos sus monstruosos sistemas tienen tan necesaria y visible dependencia de la noción de sustancia material, que cuando esta piedra angular sea al fin removida, toda la construcción habrá de venirse abajo, y no merecerá la pena detenerse en refutar por separado los absurdos de cada una de las sectas de *ateos*.

93. Que las personas impías y profanas se vean arrastradas por esos sistemas que favorecen sus inclinaciones ridiculizando la sustancia inmaterial y suponiendo que el alma es divisible y está sujeta a la misma corrupción que el cuerpo, lo cual excluye toda libertad, inteligencia y planificación en la formación de las cosas y hace que el origen y raíz de todos los seres esté en una sustancia no-pensante, auto-existente y estúpida; y que dichas personas impías presten oídos a los que niegan la providencia o la supervisión que sobre los asuntos del mundo ejerce una mente superior, atribuyendo toda la cadena de sucesos a una ciega casualidad o a una fatal necesidad que surge del impulso ejercido por un cuerpo sobre otro. Todo esto es muy natural.

Y por otro lado, cuando hombres de mejores principios observan que los enemigos de la religión ponen tanto énfasis en la *materia no-pensante* y hacen uso de tanto esfuerzo y artificio para reducirlo todo a ella, pienso que deberían alegrarse de ver a esos enemigos de la religión privados de ese gran apoyo y expulsados de esa única fortaleza sin la cual los *epicúreos*, los *hobbesianos* y otros de la misma ralea no pueden ya tener la menor pretensión de triunfo y están expuestos a la más fácil derrota del mundo.

94. La existencia de la materia o de cuerpos no percibidos no solo ha sido el soporte principal de *ateos* y *fatalistas*, sino que también ha sido el principio del que depende la *idolatría* en todas sus formas. Si los hombres hubiesen tenido en consideración que el sol, la luna, las estrellas y cualquier otro objeto de los sentidos son únicamente sensaciones en su mente que no tienen otra existencia que la de ser percibidas, sin duda no habrían errado y no habrían prestado adoración a sus propias *ideas*, sino que, más bien, habrían dirigido su homenaje a esa Mente Eterna e Invisible que produce y sostiene todas las cosas.

95. Este mismo absurdo principio, mezclado con los artículos de nuestra fe, ha ocasionado no pocas dificultades a los cristianos. Por ejemplo, en lo referente a la *resurrección*, han sido muchos los escrúpulos y objeciones provenientes de los *socinianos* y de otras sectas. Pero ¿es que la más plausible de dichas objeciones no depende de la suposición de que un cuerpo es denominado el *mismo*, no con referencia a la forma o a lo que es percibido por el sentido, sino a la sustancia material que permanece la misma bajo formas diferentes? Eliminemos esta *sustancia material* acerca de cuya identidad surgen todas las disputas, y entendamos por *cuerpo* lo que cualquier persona ordinaria quiere decir cuando emplea esa palabra, es decir, un algo que es inmediatamente visto y sentido y que no pasa de ser una combinación de cualidades sensibles o ideas; y en-

tonces, hasta las objeciones más difíciles de refutar quedarán reducidas a nada.

96. Una vez que la materia ha sido expulsada de la naturaleza, arrastra consigo tantas nociones escépticas e impías —tales como el increíble número de disputas y confusiones que han sido como espinas clavadas en los costados de teólogos y filósofos, y que han dado lugar a tanto esfuerzo estéril para la humanidad— que si los argumentos que hemos producido contra ella no alcanzan el rango de demostración (y a mí me parece que lo han alcanzado claramente), estoy seguro de que todos los amigos del conocimiento, de la paz y de la religión tendrían razones para desear que estos argumentos míos fuesen ciertamente demostrativos.

97. Además de la existencia externa de los objetos de percepción, otra gran fuente de errores y dificultades con respecto al conocimiento ideal es la doctrina de las *ideas abstractas*, tal y como hemos dicho en la Introducción. Las cosas más sencillas del mundo, cosas con las que estamos íntimamente familiarizados y que nos son perfectamente conocidas, se nos muestran extrañamente difíciles e incomprensibles cuando las consideramos de un modo abstracto. El tiempo, el lugar y el movimiento, cuando son tomados en particular o en concreto, son lo que todo el mundo sabe; pero cuando pa-

san por las manos de un metafísico, se convierten en algo demasiado abstracto y sutil como para ser aprehendidos por un hombre de sentido ordinario.

Pedid a vuestro servidor que os espere a tal *hora* y en tal *lugar*, y él no se detendrá en deliberar acerca del sentido de esas palabras; tampoco tendrá la menor dificultad en concebir el tiempo, el lugar o el movimiento que le llevará a esa cita. Pero si el *tiempo* se considera como algo de lo que quedan excluidas todas esas acciones e ideas particulares que diversifican el día, y es considerado como una mera continuación de la existencia o como duración en abstracto, entonces quizá hasta un filósofo se verá confundido cuando quiera comprenderlo.

98. Siempre que intento formarme una idea simple de *tiempo* como algo abstraído de esa sucesión de ideas que tiene lugar en mi mente y que fluye uniformemente y de la que participan todos los seres, me pierdo y quedo enredado en dificultades inextricables. De ese *tiempo* no tengo yo la menor noción; solo oigo a otros decir que es infinitamente divisible, y hablar de él de una manera que me lleva a tener pensamientos raros acerca de mi existencia. Pues esa doctrina le pone a uno bajo la absoluta necesidad de pensar que, o bien está pasando por épocas innumerables sin un pensamiento, o que es aniquilado a cada momento de su vida. Ambas opciones parecen igualmente ab-

surdas. Por tanto, como el tiempo no es nada si se lo abstrae de la sucesión de ideas en nuestras mentes, de ello se sigue que la duración de un espíritu finito debe estimarse por el número de ideas o acciones que se suceden en ese mismo espíritu o mente. De esto resulta, como una clara consecuencia, que el alma está siempre pensando; y, en verdad, quien quiera intentar separar sus pensamientos o abstraer la *existencia* de un espíritu del *pensar* de dicho espíritu, no creo yo que esa tarea le resulte fácil.

99. De igual manera, cuando intentamos abstraer la extensión y el movimiento de todas las demás cualidades, y queremos considerarlos por sí mismos, pronto los perdemos de vista y caemos en grandes extravagancias, todas las cuales son el resultado de una doble abstracción: se supone, primero, que la extensión, por ejemplo, puede ser abstraída de todas las otras cualidades sensibles; y, en segundo lugar, que la entidad de la extensión puede ser abstraída de su ser percibida. Mas quienquiera que reflexione y se cuide de entender lo que dice, reconocerá, si no me equivoco, que todas las cualidades sensibles son lo mismo que *sensaciones*, y que son también *reales*; que allí donde hay extensión, también hay color, es decir, en la mente del que percibe; y que los arquetipos de esas sensaciones existen solamente en alguna otra *mente*; y que los objetos del sentido no son sino

esas sensaciones combinadas y fundidas, o (si fuera permisible hablar así) amalgamadas; y que ninguna de ellas puede suponerse que exista sin ser percibida.

100. Qué es para un hombre ser feliz, o qué es un objeto bueno, es algo que cada uno cree saber. Pero formarse una idea abstracta de *felicidad* prescindiendo de todo placer en particular, o una idea abstracta de *bondad* prescindiendo de todo aquello que es bueno, son cosas que muy pocos tendrán la pretensión de alcanzar. Asimismo, un hombre podrá ser justo y virtuoso sin tener ideas precisas de la *justicia* y la *virtud*. La opinión de que éstas y otras palabras parecidas representan nociones generales abstraídas de toda persona y de toda acción en particular, parece haber hecho difícil la moralidad y haber hecho del estudio de ésta algo menos útil para el género humano. Y, en efecto, la doctrina de la abstracción ha contribuido no poco a estropear una de las partes más útiles del conocimiento.

101. Las dos grandes provincias de la ciencia especulativa que se refieren a las ideas recibidas del sentido y a sus relaciones, son la *filosofía natural* y las *matemáticas*. Acerca de ambas haré ahora algunas observaciones. En primer lugar, diré algo de la filosofía natural. Es en este campo en el que triunfan los *escépticos*; todo ese cúmulo de argumentos que nos dan para que desconfiemos de nuestras facultades y para hacer que la humanidad se nos muestre ignorante y limitada, se derivan principalmente de esto, a saber: que padecemos una ceguera invencible en lo referente a la *verdadera* y *real* naturaleza de las cosas.

La esencia real y las cualidades internas y la constitución del objeto más sencillo, se esconden a nuestra mirada; hay algo en cada gota de agua, en cada grano de arena, que queda más allá de lo que el poder del entendimiento humano es capaz de comprender. Mas resulta evidente, de lo que ya se ha mostrado, que todas estas lamentaciones carecen de fundamento y que lo que ocurre es que estamos influenciados con falsos principios hasta el punto de desconfiar de nuestros sentidos pensando que no sabemos nada acerca de esas cosas que comprendemos perfectamente.

102. Uno de los grandes motivos para pronunciarnos ignorantes acerca de la naturaleza de las cosas es la opinión de que todas las cosas incluyen dentro de sí las causas de sus propiedades; o, en otras palabras, que hay en cada, objeto una esencia íntima, la cual es fuente de la que fluyen y dependen las cualidades que discernimos. Algunos han tratado de dar explicación a las apariencias recurriendo a cualidades ocultas; pero, más recientemente, las atribuyen a causas mecánicas como la figura, el movimiento, el peso y otras cualidades semejantes de partículas insensibles. Pero lo cierto es que no hay más causa

agenté o eficiente que el *espíritu*, ya que es evidente que el movimiento, igual que todas las demás ideas, es totalmente inerte. Véase la *Sección 25*.

De ahí el que explicar la producción de los colores o los sonidos mediante la figura, el movimiento, la magnitud, o cualquier otra cualidad de ese tipo, sea un empeño vano. Y vemos que los empeños de esa clase no nos satisfacen en absoluto. Puede, pues, decirse lo mismo de una manera general, siempre que alguien trate de asignar la causa de algo a una idea o cualidad. No hace falta decir cuántas *hipótesis* y especulaciones quedan eliminadas con esta doctrina mía, y cuán simplificado queda el estudio de la naturaleza.

103. El gran principio mecánico hoy en boga es la *atracción*. El que una piedra caiga al suelo, o el que el mar suba en mareas hacia la luna, son fenómenos que algunos creen explicar fácilmente recurriendo a la *atracción*. Pero ¿qué es lo que verdaderamente aprendemos cuando se nos dice que estos fenómenos se deben a la atracción? ¿Es que esa palabra significa el modo en que se efectúa la tendencia y que ésta tiene lugar mediante una fuerza que separa los cuerpos, en vez de por otra fuerza que empuja o propulsa los unos hacia los otros? Mas nada podemos determinar con respecto al modo en que se efectúa esa acción; y aunque la hemos llamado *atracción*, igual podríamos haberla denominado (por lo que nosotros sabemos) *impulso* o *propulsión*. Vemos que las partículas de acero tienen entre sí una firme coherencia, y esto también lo achacamos a la atracción; pero en este caso, como en los demás, yo no percibo otra cosa que el efecto mismo; pues en lo que se refiere a la acción por la que dicho efecto se ha producido, o a la causa que lo produce, no nos fijamos tanto en ellas.

104. Ciertamente, si echamos un vistazo a los diferentes *fenómenos* y los comparamos unos con otros, podemos observar alguna semejanza y conformidad entre ellos. Por ejemplo, en la caída de una piedra al suelo, en el levantarse el mar hacia la luna, y en la cohesión y cristalización, hay algo semejante, a saber: la unión o aproximación mutua de unos cuerpos hacia otros.

De tal manera, que éstos y otros *fenómenos* parecidos no le resultan extraños ni sorprendentes a un hombre que ha observado y comparado cuidadosamente los efectos de la naturaleza. Pues sólo consideramos extraño o sorprendente lo que es poco común y se aparta del curso ordinario de lo que normalmente observamos. Que los cuerpos tiendan hacia el centro de la tierra, es algo que no consideramos extraño porque es lo que percibimos en cada momento de nuestras vidas. Pero el que los cuerpos tengan una gravitación semejante hacia el centro de la luna, puede parecerles a muchos hombres raro e inexplicable, pues es algo que sólo se observa en las mareas.

Mas un filósofo, cuyos pensamientos abarcan una perspectiva más amplia de la naturaleza, tras haber observado una cierta semejanza en las apariencias, en los fenómenos terrestres y celestiales que argumentan a favor de una tendencia experimentada por cuerpos innumerables en virtud de la cual los unos tienden hacia otros, denomina dicha tendencia con el nombre general de *atracción*; y cualquier cosa que pueda ser reducida a eso, la dará por explicada. Así, da una explicación de las mareas diciendo que se deben a la atracción del globo terrestre hacia la luna, lo cual no le parece extraño ni anómalo, sino sólo un ejemplo particular de una norma o ley general de la naturaleza.

105. Por tanto, si nos detenemos a considerar la diferencia que existe entre los filósofos naturales y los demás hombres en lo referente a su conocimiento de los *fenómenos*, descubriremos que esa diferencia no consiste en un conocimiento más exacto de la causa eficiente que produce dichos fenómenos, pues ésta no puede ser otra que la *voluntad* o *espíritu*, sino sólo en una mayor amplitud de comprensión, por la cual las analogías, las armonías y las concordancias son descubiertas en las obras de la naturaleza, y los efectos particulares son explicados, es decir, son reducidos a reglas generales (véase la *Sección 62*); y

estas reglas, al estar fundamentadas en la analogía y uniformidad que se observa en la producción de los efectos naturales, resultan sobremanera agradables a la mente, y son deseadas por ésta.

Y ello es así porque nos ayudan a ver más allá del mero presente y de lo que está cerca de nosotros, y nos capacitan para hacer conjeturas altamente probables con respecto a cosas que pueden haber sucedido a grandes distancias de espacio y de tiempo; y también nos permiten predecir las cosas que sucederán. Y esta clase de faena que nos lleva a la omnisciencia, es muy apreciada por la mente.

106. Mas debemos proceder en estas cosas con la mayor cautela, porque somos susceptibles de depositar demasiada confianza en las analogías; y, para perjuicio de la verdad, podemos complacer en exceso ese deseo de la mente que consiste en la tendencia a extender su conocimiento llevándolo al orden de los teoremas generales. Por ejemplo, la gravitación, o atracción mutua, como es algo que se nos muestra en varios casos, hay algunos hombres que inmediatamente le dan el rango de *universal*; y dicen que *atraer y ser atraído por otros cuerpos es una esencial cualidad inherente a todos los cuerpos, cualesquiera que éstos sean*. Mas resulta que no parece que los astros fijos tengan esa tendencia a aproximarse a otros; tan lejos está la gravitación de ser algo esencial a los cuerpos, que en algunos casos es un principio contrario el que se nos muestra; tal ocurre, por ejemplo, en el crecimiento perpendicular de las plantas y en la elasticidad del aire. No hay nada necesario o esencial en estos casos, sino que dependen enteramente de la voluntad del *espíritu gobernante*, el cual causa que ciertos cuerpos se adhieran entre sí o tiendan los unos hacia los otros según una variedad de leyes, o que permanezcan separados a una distancia fija; y a otros cuerpos les da una tendencia completamente contraria y los hace separarse según le parece conveniente.

107. Después de lo que ha quedado dicho, creo que podemos establecer las siguientes conclusiones. En primer lugar, que es evidente que los filósofos están esforzándose en vano cuando tratan de encontrar una causa natural eficiente, distinta de una *mente* o *espíritu*. En segundo lugar, considerando que toda la creación es obra de un *agente sabio y bueno*, parecería que la labor del filósofo es la de emplear sus pensamientos (contrariamente a lo que algunos mantienen) en investigar acerca de las causas finales de las cosas. Y debo confesar que no veo la razón de por qué el descubrimiento de los varios fines a los que las cosas naturales están dirigidas, y en vista de los cuales fueron originalmente concebidas, no sería un buen modo de explicarlas. Tal empresa sería digna de un filósofo.

En tercer lugar, de lo que ha quedado dicho no hay razón para deducir que no debería observaciones y experimentos que son útiles para la humanidad y que nos permiten sacar conclusiones generales que no son resultado de comportamientos o relaciones inmutables entre las cosas mismas, sino solo fruto de la bondad y generosidad de Dios para con los hombres en la administración del mundo. Véanse *Secciones 30 y 31*. En cuarto lugar, mediante la observación diligente de los *fenómenos* que se ofrecen a nuestra vista, podemos descubrir las leyes generales de la naturaleza y deducir de ellos otros *fenómenos*. No digo *demostrar*, porque todas las deducciones de esa clase dependen de suponer que el Autor de la Naturaleza siempre opera uniformemente y en constante observancia de esas reglas que nosotros tomamos como principios que no podemos conocer con evidencia.

108. Quienes fabrican reglas generales partiendo de los *fenómenos* y después deducen los *fenómenos* de esas reglas, parecen estar considerando signos, y no causas. Un hombre puede muy bien comprender los signos naturales sin conocer su analogía o sin ser capaz de decir en virtud de qué regla una cosa es como es. Y así como resulta muy posible escribir incorrectamente como consecuencia de una observancia demasiado estricta de las reglas generales de la gramática, así también es posible que, argumentando a partir de las reglas generales de la naturaleza, llevemos demasiado lejos la analogía y mediante ese procedimiento caigamos en errores.

109. Así como al leer otros libros un hombre prudente prefiere detener sus pensamientos en el sentido del texto y después lo aplica para su uso, en vez de fijarlos en los aspectos gramaticales que se refieren al lenguaje, así también al leer el libro de la naturaleza parece que es indigno de la mente el prurito de reducir con exactitud cada *fenómeno* particular a reglas generales, o el empeño de mostrar cómo se sigue de ellas. Deberíamos proponernos objetivos más nobles, tales como los de recrear y exaltar la mente con una visión de la belleza, orden, amplitud y variedad de las cosas naturales; y de ahí, mediante inferencias apropiadas, ensanchar nuestras nociones acerca de la grandeza, sabiduría y bondad del Creador; y, finalmente, hacer, en la medida de nuestras fuerzas, que las varias partes de la creación sirvan los fines para los que fueron designadas, es decir, para la gloria de Dios y para sustento y comodidad de nosotros mismos y de nuestros prójimos.

110. El mejor empleo de la antedicha analogía o ciencia natural diremos que es, sin duda, un célebre tratado de *mecánica*. En el prefacio de ese tratado tan justamente admirado, el tiempo, el espacio y el movimiento se distinguen entre *absolutos* y *relativos*,

verdaderos y *aparentes*, *matemáticos* y *vulgares*. Y esta distinción, que es ampliamente explicada por el autor, supone que esas cantidades tienen una existencia fuera de la mente y que son ordinariamente concebidas con relación a las cosas sensibles, con las cuales, sin embargo, no están por naturaleza relacionadas.

111. Por lo que se refiere al *tiempo* tal y como allí es tomado en un sentido absoluto o abstracto como duración o perseverancia de las cosas en la existencia, nada tengo que añadir a lo que ya ha quedado dicho sobre el asunto en las *Secciones 97* y *98*. En cuanto a lo demás, este celebrado autor mantiene que hay un *espacio absoluto* que, no siendo perceptible por el sentido, permanece en sí mismo igual e inamovible; y dice que hay también un espacio relativo, el cual es medida del anterior; y se mueve y es definido por su situación con respecto a los cuerpos sensibles, aunque vulgarmente suele considerársele inmóvil.

Este autor define el *lugar* como aquella parte del espacio que está ocupada por algún cuerpo. Y según el espacio sea absoluto o relativo, así también lo será el lugar. Se dice también que el *movimiento absoluto* es el trasladarse de un cuerpo desde un lugar absoluto a otro lugar absoluto, y que el movimiento relativo es el que tiene lugar de un lugar relativo a otro. Y como las partes del espacio absoluto no caen bajo nuestros sentidos, nos vemos forzados a utilizar en su lugar sus medidas sensibles; y, así, definimos el lugar y el movimiento con referencia a cuerpos que consideramos inmóviles.

Pero se dice que, en cuestiones filosóficas, debemos hacer abstracción de nuestros sentidos, ya que puede ocurrir que ninguno de esos cuerpos que parecen estar en reposo lo estén verdaderamente; y una misma cosa que tiene un movimiento relativo, puede de hecho estar quieta. Asimismo, un cuerpo puede estar en un reposo relativo y en movimiento, e incluso puede ser movido al mismo tiempo según movimientos relacontrarios, según las varias definiciones que demos a su lugar. Todas estas ambigüedades podemos encontrarlas en los movimientos que son meramente aparentes, pero no en el orden de lo verdadero y absoluto, que es el que en filosofía debe tenerse en cuenta. Y se nos dice que los movimientos verdaderos pueden distinguirse de los aparentes o relativos por las siguientes propiedades:

Primera, que en un movimiento absoluto o verdadero, todas las partes que conservan la misma posición con respecto al todo participan de los movimientos del todo.

Segunda, que si el lugar es movido, lo que está en él situado también es movido; de tal forma que un cuerpo situado en un lugar que se mueve participa del movimiento de su lugar.

Tercero, que el movimiento verdadero nunca es generado o cambiado, excepto por la fuerza impresa en el cuerpo mismo.

Cuarta, que en el movimiento circular puramente relativo no hay fuerza centrífuga, la cual, cuando se da en otro verdadero o absoluto, es proporcional a la cantidad de movimiento.

112. Mas a pesar de lo que se ha dicho, no me parece a mí que pueda haber otro movimiento que no sea el *relativo*; de tal modo que, para concebir el movimiento, deben de concebirse por lo menos dos cuerpos, cuya distancia o posición del uno con respecto al otro puede variarse. De aquí el que, si solo existiera un único cuerpo, no podría moverse. Esto resulta evidente en cuanto que la idea de movimiento incluye necesariamente una relación.

113. Pero aunque en todo movimiento sea necesario concebir más de un cuerpo, puede ocurrir que solo uno de los cuerpos sea el que se mueve, esto es, el que recibe la fuerza que causa un cambio de distancia, o, en otras palabras, aquél sobre el que es aplicada la acción. Pues aunque algunos definan el movimiento relativo diciendo que el cuerpo *movido* es aquél que cambia su distancia con respecto a otro cuerpo, independientemente de que la fuerza o acción causante del cambio sea aplicada a él o no, ocurre, sin embargo, que como el movimiento relativo es percibido por el

sentido y reconocido en el curso ordinario de la vida, parecería que cualquier hombre con sentido común sabría lo que es, lo mismo que el mejor filósofo.

Yo le preguntaría a cualquiera lo siguiente: cuando anda por la calle ¿le dice su sentido del movimiento que el empedrado *se mueve* porque cambia su distancia con respecto a los pies? A mí me parece que aunque el movimiento incluye una relación de una cosa con respecto a otra, no es necesario que cada uno de los términos de la relación hayan de considerarse moviéndose el uno con respecto al otro. De igual modo o como un hombre puede pensar acerca de una cosa no-pensante, así también un cuerpo puede moverse con respecto a otro que de suyo permanece inmóvil.

114. Como el lugar puede ser definido de varias maneras, de ello resulta que el movimiento que está en él relacionado puede también variar. Puede decirse que un hombre a bordo de un barco está quieto en relación a los lados del barco, y en movimiento con respecto a la tierra. O puede moverse hacia el este respecto a uno de los lados, o al oeste con respecto al otro.

En los asuntos ordinarios de la vida, los hombres nunca van más allá de la tierra para definir el lugar de un cuerpo. Y todo aquello que permanece quieto con respecto a la tierra, se considera como *absoluta-*

mente en reposo. Pero los filósofos, los cuales tienen una mayor amplitud de pensamiento y nociones más exactas acerca del sistema de las cosas, descubren que la tierra misma se mueve. Por tanto, a fin de fijar sus nociones, parecen concebir el mundo corpóreo como algo finito; y los límites o envolturas inmóviles de éste son el lugar por el que estimamos los movimientos relativos así definidos. Pues, como ya se ha observado, un movimiento absoluto que excluyera toda relación externa sería incomprensible. Y, si no me equivoco, todas las propiedades, causas y efectos que han quedado más arriba mencionados como pertenecientes al movimiento absoluto estarán en perfecta consonancia con esta clase de movimiento relativo. Y en cuanto a lo dicho acerca de la fuerza centrífuga, es decir, que no pertenece al movimiento circular relativo, no veo cómo ello puede seguirse de los experimentos que se han realizado para probarlo. Véase *Philosophiae Naturalis Principia Mathematica, in Schol. Def. VIII*11. Pues el agua en el vaso, en el momento en que se dice que tiene el máximo movimiento circular relativo, pienso que carece en absoluto de movimiento, como resulta obvio de la sección precedente.

115. Porque para poder decir que un cuerpo es *movido*, es un requisito, en primer lugar, que cambie su distancia o situación con respecto a algún otro cuerpo; y, en segundo lugar, que la fuerza o acción ocasionadora del cambio sea aplicada a él. Si falta uno de estos dos requisitos, no creo que concuerde con el sentido humano ni con la propiedad del lenguaje decir que un cuerpo está en movimiento. Concedo, ciertamente, que es posible que pensemos que un cuerpo al que vemos cambiar su distancia con respecto a otro, sea movido; y ello, aunque no tenga una fuerza aplicada a él. Y en ese sentido puede haber un movimiento aparente; pero entonces es que la fuerza que causa el cambio de distancia es por nosotros imaginada como impresa o ejercida sobre el cuerpo que pensamos que se mueve. Lo cual es indicación, desde luego, de que somos capaces de pensar erróneamente y de atribuir movimiento a una cosa que no lo tiene. Y eso es todo.

116. De lo que ha quedado dicho se sigue que la consideración filosófica del movimiento no implica la existencia de un *espacio absoluto* distinto del que es percibido por el sentido y referido a los cuerpos. Que el espacio no puede existir fuera de la mente resulta claro de los mismos principios que demuestran lo mismo con respecto a todos los demás objetos del sentido. Y quizá, si precisamos nuestro escrutinio, descubramos que ni siquiera podemos formarnos idea de un *espacio puro* carente de cuerpos.

Debo confesar que una idea así me parece imposible, pues es abstracta en grado sumo. Cuando yo suscito un movimiento en alguna parte de mi cuerpo y ese movimiento no encuentra resistencia y es libre, digo que hay *espacio*, pero si noto que hay resistencia, entonces digo que hay *cuerpo*. Y según la resistencia al movimiento sea mayor o menor, digo que el espacio es más o menos *puro*. De manera que cuando hablo de un espacio puro o vacío, no debe suponerse que la palabra *espacio* se corresponde con una idea separada de un cuerpo en movimiento, o concebible sin éste. Aunque ciertamente podemos pensar que cada nombre sustantivo se corresponde con una idea distinta y separada de todas las demás, ello ha ocasionado infinidad de errores.

Por tanto, cuando supongo que todo el mundo ha sido aniquilado excepto mi propio cuerpo, y digo que queda ahí un *espacio puro*, lo único que quiero decir con ello es que puedo concebir como posible el que los miembros de mi cuerpo se muevan en todas las direcciones sin encontrar la menor resistencia; pero si mi cuerpo mismo fuese también aniquilado, entonces no podría haber movimiento y, en consecuencia, tampoco podría haber espacio. Quizá algunos puedan pensar que el sentido de la vista les proporciona la idea de un espacio puro; pero como hemos mostrado en otro lugar, las ideas de espacio y de distancia no se obtienen mediante ese sentido. Véase mi *Ensayo sobre la Visión*.

117. Lo que aquí hemos establecido parece poner fin a todas esas disputas y dificultades que han surgido entre los hombres de ciencia acerca del *espacio puro*. Pero la ventaja principal que surge de ello es que nos hemos liberado de ese peligroso *dilema* al que se han visto llevados muchos de los que se han dedicado a pensar sobre este asunto. El dilema es el siguiente: o pensar que el espacio real es Dios mismo, o que hay, además de Dios, un otro algo no creado, infinito, indivisible, inmutable.

Ambas nociones puede justamente pensarse que son perniciosas y absurdas. Es cierto que no pocos teólogos, así como filósofos altamente notables, llevados por la dificultad que hay en concebir un espacio con límites o un espacio aniquilado, han concluido que el espacio debe ser *divino*. Y hay algunos que últimamente se han esforzado en mostrar más particularmente que los atributos incomunicables de Dios concuerdan con esto. Tal doctrina, por indigna de la naturaleza divina que pueda parecernos, no veo el modo de que podamos librarnos de ella si seguimos adhiriéndonos a las opiniones recibidas.

118. Y hasta aquí, sobre la filosofía natural. Investiguemos ahora un poco acerca de la otra gran rama del conocimiento especulativo, es decir, las *matemáticas*. Éstas, a pesar de ser tan celebradas por una claridad y certidumbre demostrativa que sería difícil encontrar en ninguna otra parte, no pueden suponerse completamente libres de errores si en sus principios yace escondida una secreta equivocación que es común entre los profesores de esa ciencia, así como entre el resto de la humanidad. Los matemáticos, aunque deducen sus teoremas partiendo de un alto grado de evidencia, están limitados en sus primeros principios por la consideración de la cantidad; y no llevan sus consideraciones a la altura de esas máximas trascendentales que influyen en todas las ciencias particulares (y las matemáticas no son una excepción), cada parte de las cuales participa de los errores que pueda haber en dichas máximas.

No negamos que los principios en que se basan los matemáticos sean verdaderos, ni que las deducciones derivadas de esos principios sean claras e indiscutibles. Pero mantenemos que puede haber ciertas máximas erróneas, de amplitud más general que el objeto propio de las matemáticas —y por esa razón no mencionadas expresamente, aunque sí tácitamente presupuestas a lo largo del progreso de dicha ciencia—, y que los malos efectos de esos errores escondidos se han difundido por todas las ramas de la misma. Para decirlo claramente: sospechamos que los matemáticos, igual que los demás hombres, están involucrados en los errores que se derivan de la doctrina de las ideas generales abstractas y de la existencia de objetos fuera de la mente.

119. Se ha pensado que la *aritmética* tiene como objeto ideas abstractas de *número*. Y se supone que entender sus propiedades y relaciones mutuas es parte no pequeña del conocimiento especulativo. La opinión concerniente a la pura e intelectual naturaleza de los números en abstracto, ha hecho que éstos sean altamente estimados por esos filósofos dotados de una extraordinaria finura y elevación de pensamiento. Esta opinión ha puesto también un alto precio en las más triviales especulaciones numéricas, las cuales carecen de utilidad práctica alguna y sirven solo de entretenimiento; y así, ha infectado las mentes de algunos haciéndolos soñar en poderosos *misterios* contenidos en los números, mediante los que intentan dar una explicación de las cosas naturales. Mas si indagamos dentro de nuestros propios pensamientos y consideramos lo que se ha dicho, quizá derivemos una opinión muy baja de esos altos vuelos y abstracciones; y tal vez lleguemos a estimar que todas esas investigaciones acerca de los números son únicamente otras tantas *difficiles nugae* que no están al servicio de la práctica ni promueven beneficios para la vida.

120. La unidad en abstracto es algo que ya hemos considerado en la *Sección 13*; de lo que allí y en la *Introducción* ha quedado dicho, se sigue claramente que no hay una idea tal. Pero al definir el número como una *colección de unidades*, podríamos de ello concluir que, si no hay tal cosa como una unión o unidad en abstracto, tampoco habrá ideas de número en abstracto que se correspondan con nombres numéricos y figuras. Por tanto, las teorías de aritmética, si son abstraídas de los nombres y figuras, así como de todo uso y práctica y de las cosas particulares numeradas, puede suponerse que no tienen como objeto suyo absolutamente nada. De ahí que podamos ver cómo la ciencia de los números está enteramente subordinada a la práctica, y cómo se convierte en algo vacío y banal cuando es considerada como asunto de mera especulación.

121. Sin embargo, como puede haber algunos que, engañados por la especiosa ostentación de descubrir variedades abstractas, pierdan el tiempo en teoremas y problemas aritméticos que no tienen la menor utilidad, no estará de más que consideremos y expongamos detalladamente la vanidad de tal pretensión. Ésta quedará claramente de manifiesto si nos detenemos a observar lo que fue la aritmética en su infancia, lo que hizo que los hombres se aplicaran al estudio de esta ciencia, y a qué fin la dirigieron. Es natural pensar que, al principio, los hombres, para aliviar la carga de la memoria y ayudarse en el cómputo, hicieron uso de cuentas de madera o de metal, o escribieron palotes, puntos y otras marcas semejantes, cada una de las cuales significaba una unidad, es

decir, una sola cosa de entre las que en cada ocasión estuviesen contando. Después descubrieron modos más comprehensivos y concisos de hacer que un sólo signo representase varios palotes o puntos. Y finalmente, las notaciones de los *árabes* o de los *indios* vinieron a ponerse en uso, y mediante la repetición de unos pocos signos o cifras, y variando el significado de cada cifra según el lugar que ocupase, todos los números pudieron expresarse adecuadamente.

Todo lo cual parece que fue hecho en imitación del lenguaje; de tal manera que puede observarse una exacta analogía entre la notación mediante cifras y los nombres: las nueve cifras simples responden a los nueve primeros nombres numerales, y los lugares de las primeras se corresponden con las denominaciones indicadas por los segundos. Y de acuerdo con el valor simple y el valor local de las cifras30, podemos concebir métodos de descubrir, partiendo de las cifras dadas o signos de las partes, qué otras cifras son adecuadas para designar el todo, y dónde deben colocarse, o *vice versa*. Y habiendo encontrado las cifras buscadas, y una vez comprobado que la misma regla o analogía tiene lugar, es fácil traducirlas en palabras. Y de ese modo el número llega a sernos perfectamente conocido. Pues se dice que el número de una serie de cosas nos es conocido cuando conocemos el nombre o las cifras (en su orden debido) que, según la analogía establecida, pertenecen a esas cosas. Porque al sernos esos signos conocidos, podemos, mediante operaciones aritméticas, conocer cada parte de las sumas particulares que ellos significan. Y así, computando mediante signos (debido a la conexión establecida entre ellos y los diferentes conglomerados de cosas de las cuales una es tomada como unidad) podemos sumar, dividir y proporcionar correctamente las cosas que nos proponíamos numerar.

122. En *aritmética*, por tanto, no consideramos las *cosas*, sino los *signos*, los cuales, sin embargo, no son tomados por sí mismos, sino porque nos dirigen a actuar con relación a cosas y disponen correctamente de ellas. Ahora bien, de acuerdo con lo que hemos observado antes acerca de las palabras en general *(Sección 19. Introducción)*, también ocurre aquí lo mismo: que las ideas abstractas se piensa que son significadas por nombres o caracteres, si bien no suscitan en nuestras mentes ideas de cosas particulares. No voy a entrar ahora en una disertación más detallada sobre este asunto. Solo me limitaré a observar que, de lo que ha quedado dicho, resulta evidente que esas cosas que pasan por ser verdades abstractas y teoremas referentes a números, en realidad no se corresponden con ningún objeto distinto de cosas particulares numerables, excepto hombres y caracteres; los cuales solo fueron originalmente considerados

por su condición de signos capaces de representar adecuadamente cualesquiera cosas particulares que los hombres tuvieron necesidad de computar. De lo cual se sigue que estudiarlos por lo que son en sí mismos sería tan prudente y productivo como el que un hombre, abandonando la verdadera utilidad e intención del lenguaje, empleara su tiempo en impertinentes criticismos acerca de las palabras, o en razonamientos y controversias puramente verbales.

123. Habiendo ya tratado de los números, procederemos a hablar ahora de la *extensión*, la cual, considerada como relativa, es el objeto de la geometría. La *infinita* divisibilidad de la extensión *finita*, aunque no es expresamente admitida ni como axioma ni como teorema fundamental de esa ciencia, es algo que queda supuesto a lo largo de la misma; y se piensa que tiene una conexión tan esencial e inseparable de los principios y demostraciones de la geometría, que los matemáticos nunca la ponen en duda ni se hacen la menor cuestión de ella. Y así como esta noción es la fuente de la que surgen todas esas divertidas paradojas geométricas que tan directamente repugnan al sentido común de la humanidad y son tan difíciles de admitir por una mente que todavía no ha sido corrompida por la educación, es también la causa de toda esa extremada sutileza que hace del estudio de las *matemáticas* algo tan complicado y tedioso.

De ahí el que, si podemos mostrar que no hay extensión finita que contenga innumerables partes o que sea infinitamente divisible, de ello se seguirá el que logremos de una vez por todas liberar a la ciencia de la geometría de un gran número de dificultades y contradicciones que han sido siempre estimadas como un reproche a la razón humana; y con ello haremos que el aprendizaje de esta ciencia sea un asunto en el que no tengamos que emplear tanto tiempo y tanto sufrimiento como el que se ha empleado hasta ahora.

124. Cada extensión finita particular que puede ser objeto de nuestro pensamiento es una *idea* que existe solo en la mente; y, en consecuencia, cada parte de la misma tiene que ser percibida. Por tanto, si yo no puedo percibir innumerables partes en la extensión finita que me propongo considerar, es indudable que esas partes innumerables no están contenidas en ella. Y como es evidente que yo no puedo percibir distintamente una serie innumerable de partes en una línea, una superficie o un sólido particulares, los cuales yo percibo mediante el sentido o me los fabrico en la imaginación, de ello concluyo que esas partes innumerables no están allí incluidas. Nada me resulta a mí más claro que el que las extensiones que tengo a la vista no son otra cosa que mis propias ideas; y no es menos evidente el hecho de que yo no puedo resolver mis ideas en un número infinito de otras ideas; es decir, que mis ideas no son infinitamente divisibles.

Si por *extensión finita* quiere decirse algo distinto de una idea finita, confieso que no sé lo que es, y que no puedo afirmar ni negar nada acerca de ella. Pero si los términos *extensión*, *partes*, etc., se toman en un sentido concebible, es decir, como ideas, entonces decir que una cantidad o extensión finita consta de un número infinito de partes es una contradicción tan manifiesta, que cualquiera la reconocerá como tal a primera vista. Y es imposible que gane jamás el asentimiento de ninguna criatura razonable que no ha sido llevada a ella poco a poco y gradualmente, como se le lleva a un gentil converso a la creencia en la *transustanciación*. Los viejos, arraigados prejuicios pasan a menudo por principios; y esas proposiciones, una vez que se les concede la fuerza y el crédito de un *principio*, se piensa que, no sólo ellas, sino también cualquier deducción hecha a partir de ellas, disfrutan del privilegio de estar exentas de todo escrutinio. Y mediante este procedimiento, no hay absurdo, por muy tosco que sea, que los hombres no estén dispuestos a tragarse.

125. Aquel cuyo entendimiento se halle de antemano poseído por la doctrina de las ideas abstractas generales, podrá persuadirse (independientemente de lo que se piense acerca de las ideas del sentido) de

que la extensión en *abstracto* es infinitamente divisible. Y aquél que admita que los objetos del sentido existen fuera de la mente, quizá se verá llevado a admitir también que una línea de una pulgada de longitud puede contener dentro de sí innumerables partes que existen realmente, aunque son demasiado pequeñas para ser discernidas. Estos errores han prendido en las mentes de los *geómetras*, así como en las de otros hombres, y han tenido influencia en sus razonamientos. Y no sería difícil mostrar cómo los argumentos tomados de la geometría que se utilizan para apoyar la infinita divisibilidad de la extensión, están basados en esos errores. Por ahora, me limitaré a observar en general de dónde viene el que los matemáticos estén tan enamorados de esta doctrina y la defiendan con tanta tenacidad.

126. Ya se ha dicho en otro lugar que los teoremas y demostraciones de la geometría se refieren a ideas universales. *Sección 15. Introducción.* Pero allí se dice en qué sentido debe entenderse esto, a saber: que las líneas y figuras particulares incluidas en un diagrama se supone que representan otras de diferentes medidas. O, en otras palabras, que el geómetra las considera haciendo abstracción de su magnitud; lo cual no implica que se esté formando una idea abstracta, sino únicamente que no le importa cuál es esa magnitud particular, ni si es grande

o pequeña: eso es algo que él estima indiferente a la demostración misma. De aquí se sigue que una línea que en el dibujo tiene una pulgada de longitud, no es considerada en sí misma, sino en cuanto que es universal; y es universal sólo en lo que significa, y en cuanto que representa innumerables líneas mayores que ella misma, en la que podrían distinguirse hasta mil partes o más, aunque ella no sea mayor que una pulgada. Según este procedimiento, las propiedades de las líneas significadas son (según una figuración muy común) transferidas al signo; y de ahí el que podamos cometer la equivocación de pensar que pertenecen al signo considerado en sí mismo.

127. Como no hay un máximo número de partes, sino que siempre es posible que haya una línea que contenga más, decimos que la línea de una pulgada de longitud contiene más partes que las que pueden serle asignadas por número alguno. Lo cual es verdad, no aplicado a línea de una pulgada tomada absolutamente, sino solo a las cosas significadas por ella. Pero los hombres no retienen esa distinción en sus pensamientos, y caen en la creencia de que la pequeña línea particular dibujada en el papel contiene en sí misma innumerables partes. No hay tal cosa como una diezmilésima parte de una *pulgada*; pero sí la hay de una *milla* o del *diámetro de la tierra*, longitudes que pueden ser significadas por la pulgada en cuestión.

Por tanto, cuando yo dibujo un triángulo sobre el papel, y tomo como radio un lado que mida, por ejemplo, no más de una pulgada, considero éste como divisible en mil, diez mil, o más partes. Pues aunque la diezmilésima parte de esa línea considerada en sí misma no sea nada en absoluto, y pueda, en consecuencia, despreciarse sin peligro de error o inconveniencia, ocurre, sin embargo, que la línea en cuestión es solo un signo que sirve para representar cantidades más grandes, de las cuales una diezmilésima parte podría ser muy considerable. De ello se sigue que, en la práctica, y a fin de evitar errores, debe tomarse un radio que tenga diez mil partes o más.

128. De lo que se ha dicho resulta clara la razón de por qué, a fin de que un teorema pueda llegar a tener una utilización universal, es necesario que hablemos de las líneas descritas en el papel como si contuviesen un número de partes que en realidad no tienen. Al hacer esto, y si examinamos el asunto con detalle, quizá descubramos que no podemos concebir una pulgada, por lo que ella es en sí misma, como algo que contiene mil partes o es divisible en mil partes; solo alguna otra línea que sea mucho más grande que una pulgada podría ser así dividida, si bien es representada por ésta. Y cuando decimos que una línea es *infinitamente divisible*, lo que por fuerza estamos diciendo es que se trata de una línea *infi-*

nitamente grande. Lo que aquí hemos hecho notar parece haber sido la causa principal de por qué se ha pensado que en geometría era necesario suponer la infinita divisibilidad de una extensión finita.

129. Los muchos absurdos y contradicciones que han surgido de este falso principio, podría pensarse que deberían ser estimados como otras tantas demostraciones en contra de dicho principio. Pero siguiendo una *lógica* para mí desconocida, se afirma que no deben admitirse pruebas *a posteriori* para rebatir proposiciones concernientes a la infinitud. ¡Como si no resultara imposible, incluso para una mente infinita, reconciliar contradicciones! ¡Como si algo absurdo y repugnante pudiera tener una conexión necesaria con la verdad, o pudiese brotar de ella! Mas quienquiera que considere la debilidad de esta pretensión, pensará que fue ideada con el propósito de dar entretenimiento a la mente perezosa, la cual está más a gusto en un indolente escepticismo, que esforzándose en examinar rigurosamente aquellos principios que siempre había abrazado como verdaderos.

130. Últimamente, las especulaciones acerca del infinito han alcanzado elevaciones tan altas y han dado lugar a nociones tan extrañas, que han ocasionado no pocos escrúpulos y disputas entre los geómetras de la era presente. Algunos de entre los de más fama, no satisfechos con mantener que líneas finitas pueden ser divididas en un número infinito de partes, van todavía más lejos, y mantienen que cada uno de esos infinitesimales es a su vez divisible en una infinidad de otras partes, es decir, en infinitesimales de segundo orden; y así, *ad infinitum*. Estos geómetras, digo, afirman que hay infinitesimales de infinitesimales de infinitesimales, sin llegar nunca al fin. De modo que, según ellos, una pulgada no solo contiene un número infinito de partes, sino una infinidad de una infinidad, de una infinidad *ad infinitum* de partes. Hay otros que mantienen que todos los órdenes de infinitesimales por debajo del primero no son nada en absoluto, pensando, con razón, que es absurdo imaginar que hay una cantidad positiva o una parte de extensión que, aunque sea multiplicada infinitamente, nunca llegue a ser igual a la parte más pequeña de la extensión dada. Mas, por otra parte, no resulta menos absurdo pensar que el cuadrado, el cubo u otra potencia de una raíz real de signo positivo, no sean nada en absoluto, cosa que quienes afirman que hay infinitesimales de primer orden, negando todos los órdenes subsiguientes, se ven forzados a mantener.

131. ¿No tenemos, pues, razones para concluir que unos y otros están equivocados y que, efectivamente, no hay tal cosa como partes infinitamente pequeñas, ni un infinito número de partes contenido en una cantidad finita? Pero se me dirá que, de ser

admitida mi doctrina, de ello se seguirá la destrucción de los fundamentos mismos de la geometría; y que todos esos grandes hombres que han elevado esta ciencia a una altura asombrosa, no han hecho sino construir castillos en el aire. A esto puede responderse que todo aquello que en geometría es útil y promueve el beneficio de la vida humana, permanece firme e inamovible según nuestros principios. De lo que se ha dicho, esta ciencia, considerada como práctica, recibirá ventajas, y no perjuicios. Pero poner esto a su luz debida sería tema de otra investigación distinta. Y en cuanto a lo demás, aunque de mi doctrina se siga el que algunas de las intrincadas y sutiles partes de la *matemática especulativa* puedan ser eliminadas sin daño para la verdad, no veo qué perjuicio para el género humano podría derivarse de ello. Muy al contrario, sería más bien de desear el que hombres de gran talento y de perseverante aplicación apartaran sus pensamientos de esos pasatiempos y los emplearan en el estudio de esas cosas que están más relacionadas con los problemas de la vida o que tienen una influencia más directa en las costumbres.

132. Si se me dice que varios teoremas indudablemente verdaderos son descubiertos con métodos en los que se hace uso de infinitesimales —lo cual no ha podido nunca ser así si su existencia incluyó una contradicción— a ello respondo diciendo que, si se examina la cosa cuidadosamente, descubriremos que en ningún caso es necesario hacer uso de, o concebir partes infinitesimales de líneas finitas, o, incluso, de cantidades menores que el *mínimum sensibile* es más, descubriremos que es claro que ello no pudo hacerse, pues es imposible.

133. Según las premisas que hemos sentado, es claro que son muy numerosos e importantes los errores que han surgido de esos falsos principios que hemos impugnado en las partes precedentes de este tratado. Y los principios que se oponen a esas erróneas posturas parecen ser, al mismo tiempo, principios fructíferos de los que se desprenden innumerables consecuencias altamente beneficiosas para la verdadera filosofía, así como para la religión. Hemos mostrado, en particular, que la *materia* o *la absoluta existencia de objetos corpóreos* es aquello en lo que los más declarados y perniciosos enemigos de todo conocimiento divino y humano han basado siempre su fuerza y confianza.

Y ciertamente, si la distinción entre la existencia real de cosas no-pensantes y su ser percibidas hace que ninguna cosa de la naturaleza pueda ser explicada, sino que es más bien motivo de que surjan innumerables dificultades inexplicables; si la suposición de la existencia de la materia es sobremanera precaria, pues no se funda ni siquiera en una sola razón; si sus consecuencias no pueden resistir la luz de un examen riguroso y de una libre investigación, sino que se protegen tras la pantalla de la oscura y general pretensión de que los *infinitos son incompatibles*; si la eliminación de esta *materia* no viene acompañada de ninguna mala consecuencia; si nadie en el mundo la echa de menos, ya que todo puede concebirse perfectamente sin ella; si, por último, tanto los escépticos como los ateos quedan silenciados para siempre al suponer nosotros que solo hay espíritus e ideas, y este esquema de cosas concuerda perfectamente con la *razón* y con la *religión*, todo ello me hace pensar que deberíamos esperar que dicho esquema sea firmemente abrazado, aunque fuese propuesto únicamente como *hipótesis* y se concediera que la materia pudiera ser otra posibilidad, si bien creo haber demostrado que no lo es.

134. Verdad es que, como una consecuencia de los principios más arriba establecidos, varias disputas y especulaciones que se estiman constituir una parte no pequeña del saber, quedan rechazadas como inútiles. Por grande que sea el prejuicio que contra nosotros tengan quienes están ya metidos en estudios de esa naturaleza y se han adentrado considerablemente en ellos, esperamos, sin embargo, que otros no consideren que es una razón justa para oponerse a los principios y proposiciones que aquí han que-

dado expuestos, el que éstos hagan las ciencias más claras y más asequibles de lo que lo eran antes.

135. Habiendo despachado ya lo que queríamos decir a propósito de las *ideas*, el método propuesto nos lleva ahora a tratar de los *espíritus*, con respecto a los cuales quizá el conocimiento humano no sea tan deficiente como vulgarmente suele imaginarse. La gran razón que se da para pensar que somos ignorantes acerca de la naturaleza de los espíritus es que no tenemos una idea de ellos. Pero no debería considerarse como un defecto del entendimiento humano el que éste no perciba la idea de *espíritu*, si es manifiestamente imposible que haya una tal *idea*. Y esto, si no me equivoco, ha sido demostrado en la *Sección 27*; a lo que allí dije añado ahora que un espíritu se ha mostrado que es únicamente la sustancia o soporte en el que los seres no-pensantes o ideas pueden existir. Pero decir que esta *sustancia* que sostiene o percibe las ideas es en sí misma una *idea* o algo como una *idea*, sería, evidentemente, absurdo.

136. Quizá se me diga que (como algunos han imaginado) carecemos de un sentido apropiado con el que conocer las sustancias; y que, si lo tuviéramos, podríamos conocer nuestra propia alma lo mismo que conocemos un triángulo. A lo cual respondo que si un nuevo sentido nos fuese otorgado, sólo podríamos recibir mediante él algunas sensaciones nuevas, o ideas sensibles. Y no creo que nadie se atreva a decir que lo que los términos *alma* y *sustancia* significan es solamente un tipo particular de idea o sensación. Considerando debidamente las cosas, podemos, por tanto, inferir que por el hecho de no procurarnos una idea de espíritu o sustancia pensante activa, nuestras facultades no son más deficientes ni censurables de lo que lo son para hacernos incapaces de comprender un *círculo cuadrado*.

137. De la opinión de que los espíritus han de conocerse del mismo modo en que se conoce una idea o sensación, han surgido muchas teorías absurdas y heterodoxas, y mucho escepticismo acerca de la naturaleza del alma. Es, incluso, probable que esta opinión haya producido en algunos la duda de si tenían un alma distinta del cuerpo mismo, ya que no pudieron encontrar, tras investigar el asunto, ninguna idea de ella. Que una *idea* que es inactiva y cuya existencia consiste en ser percibida haya de ser imagen o semblanza de un agente subsistente en sí mismo, parece que no necesita refutación, y basta con que nos fijemos en lo que significan esas palabras. Pero quizá se me diga que aunque una *idea* no puede ser semblanza de un *espíritu* en lo que éste tiene de pensante, activo o subsistente, sí puede serlo en algunos otros aspectos; y que no es necesario que una idea o imagen sea en todo semejante al original.

138. Y respondo: si la idea no representa los aspectos mencionados, es imposible que sea imagen del espíritu representando otros. Porque si excluimos el poder de volición, el de pensar y el de percibir ideas, no queda en la idea nada que pueda asemejarla a un espíritu. Pues por la palabra *espíritu* lo único que significamos es un algo que piensa, quiere y percibe; esto, y solo esto, es lo que constituye el significado de ese término. Por tanto, si es imposible que esos poderes estén en algún grado representados por la idea, resulta evidente que no puede haber idea de un espíritu.

139. Pero se me objetará que si no hay ninguna idea significada por los términos *alma*, *espíritu* y *sustancia*, éstos carecerán en absoluto de significado. A ello respondo que esas palabras sí que significan una cosa real que no es ni una idea ni nada parecido a una idea, sino un algo que percibe ideas, que tiene voluntad y que razona acerca de ellas. Lo que yo mismo soy, eso que yo denoto mediante el término «Yo», es lo mismo que lo que queda significado por los términos *alma* o *sustancia espiritual*. Si se me dice que esto es solo una disputa acerca de palabras, y que como los significados inmediatos de otros términos han sido, por común consenso, llamados ideas, no se ve por qué lo significado por los nombres *espíritu* o *alma* no puede participar de ese mismo apelativo. A esto respondo que todos los objetos no-pensantes de la mente coinciden en ser enteramente pasivos, y que su existencia consiste en ser percibidos, mientras que un alma o espíritu es un ser activo cuya existencia no consiste en ser percibido, sino en percibir ideas y pensar. Es, por tanto, necesario, a fin de evitar la equivocación de confundir naturalezas que son enteramente contrarias y desemejantes, que distingamos entre *espíritu* e *idea*. Véase *Sección 27*.

140. En un amplio sentido, ciertamente, puede decirse que tenemos una idea, o mejor, una noción de *espíritu*, esto es, que entendemos el significado de la palabra. De no ser así, no podríamos afirmar ni negar nada acerca de ella. Y es más: del mismo modo que concebimos ideas que están en las mentes de otros espíritus sirviéndonos de las nuestras y suponiendo que son semejantes a ellas, así también conocemos otros espíritus a través de nuestra propia alma, que en ese sentido es la imagen o idea de ellos, al estar en relación con otros espíritus en la misma medida en que lo azul o lo caliente por mí percibidos están relacionados con esas mismas ideas percibidas por otro.

141. No debe suponerse que quienes afirman la inmortalidad natural del alma son de la opinión de que ésta es absolutamente incapaz de ser aniquilada, incluso por el infinito poder del Creador que en un principio le dio la existencia; lo único que se

afirma es que el alma no puede ser descompuesta o disuelta por las leyes ordinarias de la naturaleza o del movimiento. Sin duda alguna, quienes mantienen que el alma es solo una endeble llama vital o un sistema de espíritus animales, hacen de ella algo tan perecedero y corruptible como el cuerpo; pues no hay nada más fácilmente disoluble que un ser así, al cual le resultaría imposible sobrevivir la ruina del tabernáculo en el que está encerrado. Y esta noción ha sido ávidamente abrazada y celebrada por el peor elemento de la humanidad, como el antídoto más eficaz contra toda traza de virtud y religión. Pero ya hemos hecho ver con claridad que los cuerpos, cualesquiera que sean su constitución no textura, no pasan de ser ideas pasivas en la mente, la cual es algo mas distante y diferente de las ideas, de lo que la luz lo es con respecto a las tinieblas. Hemos mostrado que el alma es indivisible, incorpórea, inextensa y, por tanto, incorruptible. Nada resulta más evidente que esto: los movimientos, los cambios, los deterioros y las descomposiciones que constantemente vemos que ocurren en los cuerpos naturales (y que constituyen lo que entendemos por *curso de la naturaleza*), es imposible que afecten a una sustancia simple y no compuesta. Un ser así, por tanto, es indisoluble frente a las fuerzas de la naturaleza, es decir, que *el alma del hombre es naturalmente inmortal*.

142. Después de lo que ha quedado dicho, supongo que resultará evidente que el conocimiento de nuestras almas no puede alcanzarse del mismo modo que conocemos objetos insensibles e inactivos, es decir, que no podemos conocerlas mediante una idea. Los espíritus y las ideas son cosas tan absolutamente diferentes entre sí, que cuando decimos que existen, que son conocidas, no debe pensarse que estas palabras significan lo mismo aplicada a ambas naturalezas.

No tienen éstas nada en común; y esperar que en virtud de un aumento o multiplicación de nuestras facultades seamos capaces de conocer un espíritu igual que conocemos un triángulo, es tan absurdo como si esperáramos ver un sonido. Quiero recalcar esto porque creo que es sobremanera necesario para aclarar varias cuestiones de importancia, y para prevenir muchos errores peligrosos en lo concerniente a la naturaleza del alma. En rigor, no puede decirse, según pienso, que tenemos una idea de un ser activo o de una acción, aunque sí podría decirse que tenemos una noción de ellos. Yo tengo alguna noción o conocimiento de mi mente y de sus actos con respecto a las ideas, en cuanto que sé o comprendo lo que quiere decirse por esas palabras. De eso que conozco, yo tengo alguna noción.

No digo que los términos *idea* y *noción* no puedan utilizarse indistintamente, si el mundo ha decidido que así sea. Pero es conducente a la claridad y a la propiedad en el hablar, el que distingamos mediante nombres diferentes cosas que son muy diferentes entre sí. Es también de señalar que no es apropiado decir que tengamos una idea de todas las relaciones que implican un acto de la mente, sino sólo una noción de las relaciones y comportamientos de unas cosas con respecto a otras. Pero si el uso moderno de la palabra *idea* ha hecho que ésta se aplique a los espíritus y a las relaciones y actos, ello es, después de todo, una cuestión de tipo verbal.

143. No estará de más añadir que la doctrina de las *ideas abstractas* ha tenido parte no pequeña en hacer que esas ciencias que tratan en particular de cosas espirituales hayan llegado a ser tan intrincadas y oscuras. Los hombres han imaginado que podían formarse nociones abstractas de los poderes y actos de la mente, y que podían considerarlos prescindiendo de la mente o espíritu, así como de sus respectivos objetos y efectos. De ahí el que se haya asumido que un gran número de términos oscuros y ambiguos se correspondan con nociones abstractas y hayan sido introducidos en la metafísica y en la moral; y como consecuencia de esto, han tenido lugar entre los estudiosos infinitas desviaciones y disputas.

144. Pero nada parece haber contribuido más a que los hombres se enzarcen en controversias y erro-

res en lo referente a la naturaleza y operaciones de la mente, que la costumbre de hablar de esas cosas con términos tomados a préstamo de las ideas sensibles. Por ejemplo, la voluntad es llamada el *movimiento* del alma; y esto trae consigo la creencia de que la mente humana es como una bola en movimiento impulsada y dirigida por los objetos del sentido, tan necesariamente como si fuese lanzada por un golpe de raqueta. De esto surgen infinidad de escrúpulos y errores de peligrosas consecuencias para la moralidad. Todo lo cual no dudo que podría aclararse dejando paso franco, uniforme y consistente a la verdad, si los filósofos se decidieran a retirarse dentro de sí mismos y observaran con atención lo que dicen.

145. De lo que ha quedado dicho resulta claro que no podemos conocer la existencia de otros espíritus, como no sea por sus operaciones o por las ideas que ellos suscitan en nosotros. Yo percibo una variedad de movimientos, de cambios y de combinaciones de ideas; y todo esto me informa que hay ciertos agentes particulares semejantes a mí, que acompañan a esas ideas y que contribuyen a su producción. De ahí el que el conocimiento que yo tengo de otros espíritus no sea inmediato, como lo es el conocimiento de mis ideas, sino que depende de la intervención de ideas que yo refiero a agentes o espíritus distintos de mí mismo, como efectos o signos concomitantes suyos.

146. Aunque hay algunas cosas que parecen convencernos, son agentes humanos los que contribuyen a producirlas. Sin embargo, es evidente que esas cosas que llamamos obras de la naturaleza, esto es, la inmensa mayoría de las ideas o sensaciones percibidas por nosotros, no son producidas por los hombres ni dependen de su voluntad. Tiene que haber, por tanto, algún otro espíritu encargado de causarlas, pues sería absurdo suponer que puedan subsistir por sí mismas. Véase *Sección 29*.

Pero si consideramos con atención la constante regularidad, el orden y concatenación de las cosas naturales, la sorprendente magnificencia, belleza y perfección de las partes más grandes de la creación, así como la exquisita organización de las más pequeñas, junto con la armonía y correspondencia que se da en el todo, y, más que otra cosa, las nunca suficientemente admiradas leyes del dolor y del placer, y los instintos o inclinaciones naturales, apetitos y pasiones de los animales; si consideramos todo esto, digo, y al mismo tiempo prestamos atención al infinitamente sabio, bueno y perfecto, percibiremos claramente que pertenecen al espíritu antedicho, esto es, al espíritu que *obra todas las cosas en todos y por quien todas las cosas subsisten*.

147. De esto resulta evidente que Dios es conocido tan cierta e inmediatamente como cualquier otra mente o espíritu distinto de nosotros. Podríamos incluso afirmar que la existencia de Dios es percibida con muchísima más evidencia que la existencia de los hombres; y ello es así porque los efectos de la naturaleza son infinitamente más numerosos y considerables que los que son adscritos a agentes humanos.

No hay ninguna nota característica del hombre, ni ningún efecto por él producido, que no sea una prueba evidente de la existencia de ese espíritu que es el *Autor de la Naturaleza*. Pues es obvio que al afectar a otras personas, la voluntad del hombre no tiene otro objeto que el movimiento de los miembros de su cuerpo; pero el que ese movimiento se vea acompañado por el surgir de una idea en la mente de otro hombre, es algo que depende enteramente de la voluntad del Creador. Es solamente Él el que, *sosteniendo todas las cosas por la palabra de su poder*, mantiene el trato entre los espíritus y hace que éstos se perciban mutuamente. Y sin embargo, esta luz clara y pura que nos alumbra a todos es en sí misma invisible.

148. Parece ser una pretensión general de los que no piensan, que no podemos ver a Dios. Dicen que, si pudiéramos verlo lo mismo que vemos a un hombre, creeríamos en Él y obedeceríamos sus mandamientos. Pero he aquí que solo necesitamos abrir los ojos para ver al Señor Soberano de todas las cosas más claramente que a nuestros prójimos.

No es que yo piense (como hacen algunos) que veamos a Dios con una visión inmediata, o que veamos las cosas corpóreas, no por sí mismas, sino viendo lo que las representa en la esencia de Dios: es ésa una doctrina que a mí, debo confesarlo, me resulta incomprensible. Pero explicaré lo que quiero decir.

Un espíritu humano o persona, no es percibido por el sentido, pues no es una idea; por tanto, cuando vemos el color, la medida, la figura y los movimientos de un hombre, percibimos solo ciertas sensaciones o ideas suscitadas en nuestras mentes; y estas ideas, al presentarse a nuestra consideración en varias colecciones distintas, sirven para señalarnos la existencia de espíritus finitos y creados como nosotros. De esto resulta claro que nosotros no vemos a un hombre, si por *hombre* quiere decirse aquello que vive, se mueve, percibe y piensa como nosotros, sino solo una cierta colección de ideas que nos lleva a pensar que hay un distinto principio de pensamiento semejante a nosotros mismos, que la acompaña y que es representado por ella.

Y de igual modo vemos a Dios; la única diferencia es que, mientras que una de esas finitas y reducidas colecciones de ideas denota una mente humana en particular, dondequiera que dirijamos nuestra vista percibimos en todo tiempo y lugar señales manifiestas de la Divinidad: todo lo que vemos, oímos, sentimos o percibimos de algún otro modo mediante el sentido, es un signo o efecto del poder de Dios, como también lo es nuestra percepción de esos mismos movimientos que son producidos por los hombres.

149. Es claro, por tanto, que a cualquiera que tenga siquiera la más mínima capacidad de reflexión, nada le resultará más evidente que la existencia de Dios, es decir, de un espíritu que está íntimamente presente en nuestras mentes produciendo en ellas toda la variedad de ideas o sensaciones que constantemente nos afectan, y del que somos absoluta y enteramente dependientes. En breve, un ser *en quien vivimos y nos movemos y tenemos nuestra existencia*. Que el descubrimiento de esta gran verdad tan próxima y tan obvia para la mente tenga que ser alcanzado por la razón de sólo unos pocos, es triste ejemplo de la estupidez e inatención de los hombres, los cuales, aunque están rodeados de tan claras manifestaciones de la Deidad, se ven tan poco afectados por ellas, que parece como si hubieran sido cegados por un exceso de luz.

150. Pero se me dirá: ¿Es que la naturaleza no tiene participación en la producción de cosas naturales, y nos vemos por eso obligados a atribuirlas a la inmediata y exclusiva operación de Dios? A esto respondo: si por naturaleza se entiende solo la *serie* visible de efectos o sensaciones impresas en nuestras mentes según unas leyes determinadas y generales, entonces es claro que, tomada en ese sentido, la na-

turaleza no puede producir nada en absoluto. Pero si por *naturaleza* se entiende algún ser distinto de Dios, y distinto también de las leyes de naturaleza y de cosas percibidas por el sentido, entonces debo confesar que esa palabra es para mí un sonido vacío, sin ningún significado inteligible anejo a ella.

En esta aceptación, la naturaleza es una vaga *quimera* que ha sido introducida por esos ateos que carecen de justas nociones acerca de la omnipresencia y de la infinita perfección de Dios. Pero resulta más inexplicable que los *cristianos*, los cuales han profesado tener fe en esas Sagradas Escrituras que constantemente adscriben los efectos naturales a la obra inmediata de Dios, admitan lo que los filósofos ateos defienden habitualmente, es decir, que esos efectos han de serles imputados a la *naturaleza. El Señor causa que los vapores asciendan; hace los rayos con la lluvia; saca el viento de entre sus tesoros*, Jeremías, Capítulo 10, versículo 13. *Él torna las tinieblas en aurora y del día hace noche oscura*, Amós, Capítulo 5, versículo 8. *Visita la tierra y la reblandece con sus lluvias; bendice los frutos de la misma, y corona la añada con sus bienes, haciendo que los pastos se vistan de ganado y los valles se cubran de maíz.* Véase *Salmo 65*. Pero a pesar de que éste es el lenguaje que constantemente se usa en la escritura, seguimos teniendo no sé qué aversión a creer que Dios se ocupa tan cercanamente de nuestras cosas. Insensato sería suponerlo a una gran distancia de nosotros y poner en su lugar a un substituto ciego y sin pensamiento, cuando Él (si podemos creer a San Pablo) *no está lejos de cada uno de nosotros.*

151. Sin duda se me objetará que los lentos y graduales movimientos que se observan en la producción de las cosas naturales no parecen tener como causa suya la intervención inmediata de un *agente todopoderoso.* Además, los monstruos, los nacimientos prematuros, los frutos que se echan a perder antes de madurar, las lluvias que caen en lugares desérticos, y las miserias que afectan a la vida humana, son otros tantos argumentos que nos dicen que la entera estructura de la naturaleza no está inmediatamente efectuada y dirigida por un espíritu de infinita sabiduría y bondad.

Mas la respuesta a esta objeción quedó ya bastante clara en la *Sección 62*; pues puede verse que los antes mencionados métodos de la naturaleza son absolutamente necesarios para operar según las reglas más simples y generales de una manera firme y consistente. Todo lo cual es argumento en favor de la *sabiduría* y *bondad* de Dios. Tal es la artificial planificación de esta gran máquina de la naturaleza, que mientras sus movimientos y fenómenos varios golpean nuestros sentidos, la mano que pone en marcha el todo es en sí misma invisible para los hombres de carne y hueso. *En verdad* (dice el profeta) *tú eres un Dios que se esconde*, Isaías, Capítulo 45, versículo 15. Pero aunque Dios se esconde a sí mismo a los ojos del *sensual* y del *perezoso* que no hace el menor esfuerzo de pensamiento, nada puede haber más claro y legible para una mente atenta y sin prejuicios, que la presencia íntima de un *espíritu absolutamente sabio* que modela, regula y sostiene el sistema de la existencia.

De lo que ya hemos observado en otra parte, es claro que el operar de acuerdo con leyes generales y establecidas es algo tan necesario para que podamos guiarnos en los asuntos de la vida y penetrar en el secreto de la naturaleza, que, sin esto, todo el alcance y la amplitud del pensamiento, toda sagacidad y planificación humanas no podrían servir propósito alguno; sería hasta imposible que existieran estas facultades y poderes de la mente. Véase *Sección 31*. Y sólo esta consideración bastaría para compensar con creces cualesquiera inconvenientes particulares que de ello pudieran derivarse.

152. Además, deberíamos tener en cuenta que hasta las imperfecciones y defectos de la naturaleza no carecen de utilidad, en cuanto que constituyen una grata especie de variedad y dan realce a la belleza del resto de la creación, de igual modo a como las sombras de una pintura sirven para destacar sus partes

más brillantes y luminosas. Asimismo, haríamos bien en examinar si atribuir a una imprudencia del Autor de la Naturaleza el que se echen a perder las semillas y los embriones, y la accidental destrucción de plantas y animales antes de que alcancen la madurez, no es efecto de un prejuicio que hemos adquirido por estar en contacto con los débiles y mezquinos mortales. En el *hombre*, una ahorrativa administración de esas cosas que no pueden obtenerse sin grandes sufrimientos y trabajos, podría ser considerada, ciertamente, como un síntoma de *prudencia*. Pero no debemos imaginar que la producción de la delicadísima maquinaria de un animal o un vegetal le cuesta al Creador más trabajo que la producción de una piedrecita. Pues es evidente que un espíritu omnipotente puede producirlo todo mediante un simple *fiat* o acto de su voluntad. De aquí resulta claro que la espléndida profusión de cosas naturales no debe interpretarse como una debilidad o prodigalidad en el agente que las produjo, sino que más bien debe mirarse como un argumento en favor de la riqueza de su poder.

153. Y en cuanto a ese elemento de dolor o incomodidad que existe en el mundo y que va unido a las leyes generales de la naturaleza y a las acciones de espíritus finitos e imperfectos, eso es algo que, en nuestro estado presente, resulta indispensable y necesario para nuestro bienestar. Lo que ocurre es

que nuestra perspectiva es demasiado estrecha; pensamos, por ejemplo, en la idea de un dolor particular, y llegamos a la conclusión de que es un *mal*; pero si ensanchamos nuestras miras hasta el punto de abarcar los varios fines, conexiones y dependencias de las cosas, y consideramos en qué ocasiones y en qué medida somos afectados por el dolor y el placer, la naturaleza de la libertad humana, y el designio con el que fuimos puestos en el mundo, entonces nos veremos forzados a reconocer que esas cosas particulares que, tomadas en sí mismas, parecen ser *malas*, tienen naturaleza de buenas cuando las consideramos vinculadas a todo el sistema de los seres.

154. De lo que se ha dicho quedará de manifiesto para cualquier persona juiciosa, que es solamente por falta de atención y de amplitud mental, por lo que pueden encontrarse tantos que favorecen el ateísmo o la *herejía maniquea*. Las almas mezquinas y atolondradas podrán, ciertamente, ridiculizar las obras de la providencia, la belleza y el orden que son incapaces de apreciar o que no quieren hacer el esfuerzo de comprender. Pero quienes están en posesión de una justa y extensa capacidad de pensamiento y acostumbran a usarla en sus reflexiones, no podrán nunca dejar de admirar las huellas divinas de sabiduría y bondad que brillan por todas partes en la economía de la naturaleza. Pues ¿qué otra verdad

podrá haber que resplandezca tanto ante la mente, que ni siquiera apartando de ella nuestro pensamiento y cerrando voluntariamente los ojos acaso podríamos evitar verla? ¿Es, por tanto, de extrañar que la generalidad de los hombres que se afanan en negocios o placeres y están poco acostumbrados a fijar o abrir los ojos de su mente, no tengan toda esa convicción y evidencia de la existencia de Dios que debería esperarse de las criaturas racionales?

155. Lo que más bien debería extrañarnos es que puedan encontrarse hombres tan estúpidos como para descuidarse y no ser capaces de convencerse de una verdad tan evidente e importante. Y sin embargo, asusta que haya tantísimas personas con talento, que disfrutan de ocio, que viven en países cristianos y que, sin embargo, como consecuencia de un descuido supino y horroroso, han caído en una suerte de *ateísmo*. Es absolutamente imposible que un alma penetrada e iluminada por un hondo sentido de la omnipresencia, santidad y justicia de ese *Espíritu Todopoderoso*, persista sin remordimiento en violar sus leyes. Debemos, pues, meditar y reflexionar esforzadamente en esos puntos de tan capital importancia, para poder alcanzar, sin escrúpulo alguno, la convicción de que *los ojos del Señor están en todas partes observando a los malos y a los buenos; que está con nosotros y nos protege dondequiera que vayamos,* *y nos da pan que comer y vestidos que vestir*. Una visión clara de estas grandes verdades, sin duda llenará nuestros corazones de una miedosa circunspección y un santo temor, que son los más fuertes incentivos para la *virtud* y la mejor defensa contra el *vicio*.

156. Porque, después de todo, lo que merece el primer lugar en nuestros estudios es la consideración de *Dios* y de nuestro *deber*. Promover ambas cosas fue la principal intención de mi proyecto y de mis esfuerzos, los cuales estimaré completamente inútiles y estériles si con lo que he dicho no he podido inspirar en mis lectores un pío sentido de la presencia de Dios; y habiendo mostrado la falsedad o vanidad de esas infructuosas especulaciones en las que principalmente se ocupan los eruditos, ha sido también mi propósito disponerlos mejor a reverenciar y abrazar las saludables verdades del Evangelio, verdades cuyo conocimiento y práctica constituyen la más alta perfección de la naturaleza humana.